Joseph Kehrein

Pater Noster und Ave Maria in deutschen Übersetzungen

Nebst einem Anhange - die altdeutschen Namen Gottes und Marias

Joseph Kehrein

Pater Noster und Ave Maria in deutschen Übersetzungen
Nebst einem Anhange - die altdeutschen Namen Gottes und Marias

ISBN/EAN: 9783743489646

Hergestellt in Europa, USA, Kanada, Australien, Japan

Cover: Foto ©Lupo / pixelio.de

Manufactured and distributed by brebook publishing software (www.brebook.com)

Joseph Kehrein

Pater Noster und Ave Maria in deutschen Übersetzungen

Pater Noster und Ave Maria

in

deutschen Uebersetzungen.

Nebst einem Anhange:

Die altdeutschen Namen

Gottes und Marias.

Von

JOSEPH KEHREIN,

Director des herz. nass. Lehrerseminars zu Montabaur, Ritter des
päpstl. St. Gregoriusordens und Mitglied mehrerer gelehrten
Gesellschaften.

Frankfurt a/M. 1865.
Verlag für Kunst und Wissenschaft.
(G. Hamacher.)

Vorwort.

Nur einige Sätze mögen vorliegendes Büchlein bei dem wohlwollenden Leser einführen. Der Titel gibt den gewiss jeden katholischen Christen ansprechenden Inhalt an. Das „Gebet des Herrn" birgt (wie Kraft im Kirchenlexikon mit Recht sagt) einen Schatz der erhabensten Wahrheiten in sich; es zeigt uns das Verhältniss, in dem wir zu Gott stehen, zeigt uns den Weg, der zu Gott führt und gibt uns die Güter an, um die wir bitten sollen. In formeller Hinsicht zeichnet es sich ebenso durch seine Kürze wie durch die logische Aufeinanderfolge der einzelnen Bitten aus. Dieses Gebet ist frühe ins Deutsche übersetzt worden und hat von den Zeiten der Kirchenväter an bis heute vielfache Bearbeitungen gefunden.

Das Ave Maria, der „englische Gruss", ist, weil nicht in die Liturgie der heil. Messe aufgenommen, nicht so früh übersetzt worden als das Vaterunser, hat aber auch viele wahrhaft fromme Männer zu tiefsinnigen, begeisterten und begeisternden Auslegungen veranlasst.

Beide Gebete gebe ich in einer Reihe deutscher Uebersetzungen und verschiedener Erklärungen, von denen nur die wenigsten bisher gedruckt waren. — Uebergehen musste ich aus leicht begreiflichen Gründen: Heinrichs von Krolewiz ûz Missen Vater unser, herausgegeben von G. Chr. Fr. Lisch, Quedlinburg und Leipzig 1839, Originalgedicht in 4889 Versen, wahrscheinlich aus dem Ende des 13. Jahrhunderts.

Der Anhang (S. 79 f.) ist nicht allein sprachlich, sondern auch sachlich von hoher Bedeutung. Eine Zeit, in welcher man für Gott und die Gottesmutter eine solche Fülle lebendiger und bezeichnender Namen hatte, muss in Wahrheit eine fromme Zeit gewesen sein. Das lebendigste Zeugniss für den Geist eines Volkes ist ja seine Sprache.

Der Text ist genau nach den Handschriften, nur einige Abkürzungen sind aufgelöst, wie an Ort und Stelle näher angegeben ist. Die sprachlichen Erklärungen mussten sich auf das Nothwendigste beschränken. Bei den Uebersetzungen aus dem 14.—15. Jahrhundert ist der Kürze wegen auf Gram., d. h. meine „Grammatik der deutschen Sprache des 15.—17. Jahrhunderts, Leipzig, Verlag von Otto Wigand, 1854—56, 3 Bde. 8.", verwiesen, wo die betr. Spracherscheinungen erklärt und meist mit zahlreichen Beispielen belegt sind.

Schliesslich spreche ich meinen aufrichtigen Dank für freundliche Unterstützung aus den Herren Titt.-Bibliothekar Beck in Gotha, Archivrath A. Bube in Gotha, Dr. med. E. Busch in Ems, Professor W. Christ in München, Bibliothekar und Professor Dr. Halm in München, Bibliotheksamanuensis Hartl in Wien, Bibliothekar Külb in Mainz, Bibliothekar Laven in Trier, Pfarrer Hasak zu Weisskirchlitz in Böhmen und Pfarrer Nick zu Enkirch an der Mosel.

Montabaur, 30. Aug. 1865. **J. Kehrein.**

Pater Noster.

Das Vater unser.

Man versteht unter dem „Vaterunser" jenes Gebet, welches den Herrn selbst zum Urheber hat und deshalb auch „Gebet des Herrn" (oratio dominica) genannt wird. Es steht bei Matthäus 6, 9 flg. und etwas unvollständiger bei Lukas 11, 2 flg. In einigen griechischen Handschriften des Matthäus (nicht in den ältesten, auch nicht bei den Kirchenvätern) steht noch ein Schlußvers, der wahrscheinlich aus der Offenbarung 7, 12 genommen ist.

Nach dem Vorgange des heil. Augustinus unterscheidet man in dem Vaterunser eine Anrede und sieben Bitten. Dieses Gebet wurde frühzeitig in die Liturgie der heil. Messe aufgenommen und auch den Katechumenen am Schlusse des Katechumenates übergeben.

I. Griechisch.

Πάτερ ἡμῶν ὁ ἐν τοῖς οὐρανοῖς, ἁγιασθήτω τὸ ὄνομά σου· ἐλθέτω ἡ βασιλεία σου, γενηθήτω τὸ θέλημά σου ὡς ἐν οὐρανῷ καὶ ἐπὶ γῆς. Τὸν ἄρτον ἡμῶν τὸν ἐπιούσιον δὸς ὑμῖν σήμερον. Καὶ ἄφες ἡμῖν τὰ ὀφειλήματα ἡμῶν, ὡς καὶ ἡμεῖς ἀφίεμεν τοῖς ὀφειλέταις ἡμῶν. Καὶ μὴ εἰςενέγκῃς ἡμᾶς εἰς πειρασμόν, ἀλλὰ ῥῦσαι ἡμᾶς ἀπὸ τοῦ πονηροῦ. — Ὅτι σοῦ ἐστιν ἡ βασιλεία καὶ ἡ δύναμις καὶ ἡ δόξα εἰς τοὺς αἰῶνας. Ἀμήν.

II. Lateinisch.

Pater noster qui es in coelis, sanctificetur nomen tuum, adveniat regnum tuum, fiat voluntas tua sicut in coelo et in terra. Panem nostrum quotidianum da nobis hodie. Et dimitte nobis debita nostra, sicut et nos dimittimus debitoribus nostris. Et ne nos inducas in tentationem, sed libera nos a malo. Amen.

III. Aus der gothischen Bibelübersetzung
des Bischof Ulfilas, geb. um 318, gest. um Neujahr 381.

(Für das Lesen ist zu bemerken, daß ï = i, ái = ai, aí = kurzes e, áu = au, aú = kurzes o gelesen wird.)

Atta[1]) unsar[2]) thu ïn himinam[3]), veihnái[4]) namô thein, qvimái[5]) thiudinassus[6]) theins, vaírthái[7]) vilja theins svê[8]) ïn himina jah ana aírthái. hláif[9]) un-

1) Abb. atto, Volksspr. Ätt, Ätti, Atten, Ette.
2) Nachgesetztes Possessivpronomen, wie lat. pater noster, dagegen griech. πάτερ ἡμῶν.
3) Dat. Pl. von himins, wie abb. himilum, himilom von himil.
4) Der Konjunktiv von veihnan, geweihet werden, dies von veihan, weihen, heiligen.
5) Der Konjunktiv von qviman, abb. quëman, qhuëman.
6) Vgl. goth. thiuda, Volk, thiudans, König, Volksherrscher; thiudangardi, Königshaus, Herrscherhaus, Reich; thiudanôn, herrschen.
7) Der Konjunktiv von vaírthan, werden.
8) Svê-jah wie — auch.
9) Alt. von bláibs, Laib.

sarana thana ¹) sinteinan ²) gif uns himma ³) daga. jah aflêt ⁴) uns thatei ⁵) skulans ⁶) sijáima ⁷) svasvê ⁸) jah' veis aflêtam tháim skulam unsaráim. jah ni briggáis ⁹) uns ïn fráistubnjái ¹⁰), ak ¹¹) láusái ¹²) uns af ¹³) thamma ubilin. — untê ¹⁴) theina ïst thiudangardi jah mahts jah vulthus ¹⁵) ïn áivins. ¹⁶) amên.

Vater unſer, du in (den) Himmeln (biſt), geweihet werde (der) Name dein, komme (die) Herrſchaft dein, werde (der) Wille dein, wie in (dem) Himmel, (ſo) auch an (der) Erde. Brot unſer das fortwährende gib uns (an) dieſem Tage, und erlaß uns, daß Schuldige (wir) ſeien, ſowie auch wir erlaſſen den Schuldnern unſern.

1) Akk. zu dem einem andern Stamme angehörenden Pron. sa, sô, thata, der, die, das.
2) Akk.-von sinteins, seinteins, fortdauernd.
3) Von dem Pron. his, holländ. hy, engl. he, dieſer.
4) Imperativ von aflêtan, ablaſſen, erlaſſen.
5) thata mit dem enklitiſchen ei, das, was (daß).
6) Pl. von skulam.
7) Der Konjunktiv (simus, wir ſeien).
8) So wie.
9) Konjunktiv, nicht bringeſt, bringe. Das goth. briggan drückt das wohin durch ïn mit dem Dativ aus.
10) Dativ von fráistubni, Verſuchung.
11) ak, akei iſt die ſtärkſte Adverſativpartikel und ſteht voran, während die ſchwächere than nachſteht.
12) Von láusjan, ahd. lôsjan, löſen.
13) Unſere veraltete Präpoſ. ab, von.
14) untê iſt Zeitpartikel (ἕως) bis, und Kauſalpartikel (γάρ, ὅτι) denn, da, weil.
15) Herrlichkeit, Gewalt.
16) Akk. Pl. von áivs, griech. αἰών, lat. aevum.

Und nicht bringe uns in Versuchung, sondern löse uns ab (von) den Uebeln. — Denn dein ist (das) Herrscherhaus und (die) Macht und (die) Herrlichkeit in Ewigkeiten. Amen.

IV. Aus dem 8. Jahrhundert.

Aus einer Handschrift zu St. Gallen cod. misc. Nr. 911 bei Hattemer (Denkmale des Mittelalters, St. Gallen 1844 flg.) I, 324, bei Maßmann (Deutsche Abschwörungs-, Glaubens-, Beicht- und Betformeln vom 8.—12. Jahrh., Queblinburg und Leipzig 1830) Nr. 48, zuerst bei Freher 1609, dann in Eccards Catechesis theodisca S. 189, bei G. von Arx (Geschichte des Kantons St. Gallen 1830) I, 203.

Fater [1]) unseer thu pist inhimile [2]) uuihi [3]) namun dinau qhueme [4]) rihhi [5]) din uuerde uuillo diin [6]) so inhimile soso [7]) inerdu [8]) prooth [9]) unseer emezhic [10]) kipuns [11]) hiutu oblaz [12]) uns sculdi unseero souuir

---

1) Freher Fatter.
2) So die Handschrift, statt in himile, wie auch nachher inerdu, kipuns, souuir, inkhorunka.
3) wihi mit dem Att. namun kommt in keiner Uebersetzung mehr vor.
4) S. Nr. 3.
5) Freher rihi.
6) Die meisten Herausgeber haben din.
7) In den Zusätzen korrigiert Maßmann soso in sosa, wie auch Arx hat.
8) Arx erdo.
9) Maßmann hat proth, in den Zusätzen prooth.
10) Ahd. emazic, emezic, emizzic, emezzic, emmazic, emmizic, emezhîc (Genitiv -îges), emßig (emsig), fortwährend, ununterbrochen, wie goth. sinteinan.
11) Arx kib.
12) Gewöhnlicher ist abláz.

oblazem¹) uns²) sculdikēm³) enti⁴) ni unsih firleiti⁵) inkhorunka⁶) uzzerlosi unsih fona ubile.

V. Aus dem 9. Jahrhundert.

Aus Tatians Evangelienharmonie, Ausgabe von J. A. Schmeller, Stuttgart und Tübingen 1827. N. verb. Ausg. Wien 1841. Maßmann Nr. 51, St. Gallener Handschrift.

Fater unser, thû⁷) thar⁸) bist in himile, sî giheilagot⁹) thîn namo. Queme thin rîhhi, sî thîn uuillo, sô her¹⁰) in himile ist, sô sî her in erda.¹¹) Unser brot¹²) tagalîhhaz gib uns hiutu. Inti furlâz uns unsara sculdi sô uuir furlâzames¹³) unsaron

1) Freher oblazen.
2) Maßmann uns (...). Hattemer sagt: In der Handschrift ist keine Spur, daß etwas fehle, wir halten uns für richtig.
3) Freher sculdiken, Nr. 6.
4) Und ist ahd. anti, enti, inti, unta, unti, unte, endi, indi, unda, unde.
5) Freher firletti, s. Nr. 5. 7.
6) Freher khorunca. Die Handschrift hat inkhorunkauz. das uz vom nächsten Wort herüberziehend; khorunka, chorunka, chorunga, Versuchung, von korôn, korên, später kostunga, costunga, von kostôn, kostjan in derselben Bedeutung.
7) Tatian hat vielfach th für d, s. Nr. 4.
8) da.
9) Von giheilagôn, giheiligôn, giheiligên.
10) Für er, wie auch anderwärts, s. Nr. 7. S. 10.
11) Maßmann erdu.
12) Maßmann prot.
13) Maßmann furlazemes, unsaren; verlassen, vergeben ist ahd. far-, for-, fur-, fir-, uor-, uerlâzan, flâzan, zu sculdigon s. Nr. 6.

sculdigon. Inti ni gileites¹) unsih in costunga²), ûzouh³) arlôsi⁴) unsih fon⁵) ubile.

VI. Aus dem 8.—9. Jahrhundert.

Aus einer Handschrift zu Wolfenbüttel cod. theol. 27 aus Weißenburg, bei Maßmann Nr. 45.

Fater unser thu in himilom⁶) bist. giuuihit⁷) si namo thin. quaeme⁸) richi thin. uuerdhe⁹) uuillo thin sama¹⁰) so in himile endi¹¹) in erthu. Broot unseraz emezzigaz¹²) gib uns hiutu. endi farlaz¹³) uns sculdhi unsero sama so uuir farlazzem scolom¹⁴)

---

1) Von gileitan, geleiten, gileiden = leiten, führen, s. Nr. 4.
2) S. Nr. 4.
3) Für ûzouh steht auch einfach ûzan, ûzzan, ûzeu, ûzzen und ouh, auh, s. Nr. 6. 8.
4) Abb. ar-, er-, irlôsen, s. Nr. 6.
5) Abb. fona, fana, fone, fon, uona, uone, uoni, uon.
6) S. Nr. 3.
7) S. Nr. 3.
8) Kommt selten mit dem Umlaut ae vor, s. Nr. 7.
9) Auch Isibor hat uuirdhit, uuerdhe, uuerdhen, uuardh, s. Nr. 7.
10) Abb. Abb. sama, samo, sami, same, sam, so, sowie, s. Nr. 7. 8.
11) S. Nr. 4.
12) S. Nr. 4.
13) S. Nr. 5.
14) Dativ Pl. von scolo, goth. skula, mhd. geschol, s. Nr. 7. Sonst steht noch sculdigo (Nr. 5), sculdige (Nr. 11. 12), sculdike (Nr. 4), scolari (Nr. 10. 13), scholner (Nr. 14).

unserêm. endi ni gileidi¹) unsih in costunga²) auh³) irlosi⁴) unsih fona⁵) ubile.

VII. Aus dem 8.—9. Jahrhundert.

Aus einer Handschrift zu Wolfenbüttel, cod. theol. 27. Bl. 149b—150b, bei Maßmann Nr. 55. Dieses Vaterunser folgt unmittelbar auf das unter Nr. 45 bei Maßmann (oben Nr. 5) stehende unerklärte.

Fater unser thu in himilom bist. giuuihit si namo thin. Gotes namo ist simbles⁶) giuuihit auh thanne⁷) uuir thiz quedhem⁸). thanne bittem uuir. thaz sin namo. in uns mannom⁹) uuerdhe giuuihit thuruh guodin uuere. *Quaeme*¹⁰) *richi thin.* Richi gotes ist simbles. endi eo gihuuar¹¹). thes bittem uuir thoh. thanne unir thiz quedem. thaz gotes richi si in uns. endi thes diufles giuualt uuerdhe arfirrit¹²) fona uns. *Uuerdhe uuillo thin sama so in himile endi in erthu.* Thes sculum uuir got simbles bitten.

---

1) S. Nr. 5.
2) S. Nr. 4.
3) Die ahd. Partikel auh, ouh, ouch, ouc ist verbindend (auch) und adversativ (aber, sondern), s. Nr. 5.
4) S. Nr. 5.
5) S. Nr. 5.
6) Ahd. simbles, simbales, simblum, simblun, immer.
7) thanne, danne, dann, wann, aber.
8) quëdan, qhuëdan, mhd. quëden, goth. qvithan, sagen.
9) Man ist allgemein Mensch.
10) S. Nr. 6.
11) Ahd. gi-, ge-, chi- wâr, wahr.
12) arfirran, erferren, entfernen.

thaz siu uuilleo uuerdhe samalih¹) in erdhu in mannom. so so her²) ist in himile in engilom. cithiu³) thaz man in erthu sinan uuilleon giuuurchen megin. sama so engila in himile magun. *Broot unseraz emezigaz⁴) gib uns hiutu.* Allo mannes⁵) thurftj sintun⁶) in themo brotes namen gameinito. thero er ci thesemo antuuerden libe bitharf. bi thiu scal man dago gihuueliches⁷) thiz gibet singan. so huuer so⁸) uuilj thaz imo got gidago sinero thurfteo helphe. *Indi farlaz uns sculdhi unsero sama so uuir farlazzem scolom unserem.* So huuer so thiz quidhit. so bitharf thaz er so duo. so her quithit. huuanda⁹) her fluochot imo mer thanne her imo guodes bitte. ibi her so ni duat so her quidhit. huuanda so huuer so andhremo arbolgan¹⁰) ist endi thiz gibet thanne singit. ther bidit imo selbemo thanne ubiles. *Indi ni gileiti unsih in costunga.*¹¹) Ni lejtit got comannan in ubilo thohhejnaz¹²) uzzar¹³) thanne her

---

1) Gleich, derselbe; f. Nr. 6 sama.
2) S. Nr. 5.
3) Der alte Instrumentalis (Ablativ) des Neutrums, f. unten hlutru muatu.
4) S. Nr. 4.
5) Die Zwischenschiebung des Genitivs ist ahd. nicht selten.
6) Gebräuchlicher ist sint.
7) Sonst huueliches, weliches (welches).
8) D. i. wer immer.
9) Denn, weil, f. Nr. 12. 14.
10) arbelgan, aufschwellen, zürnen.
11) S. Nr. 4.
12) dehein, thehhein, dohein, thohhein, dechein, irgend ein.
13) ûzar, ûzzar, außer.

then man farlazzit so ist her sar ¹) in costungom. thaz meinit thaz uuort. thaz her unsih ni farlazze. cithiu thaz uuir in ubil gilejtte ni uuerdhen. *Auh arlosi unsih fona* ²) *ubile.* In thesemo uuorde ist bifangan allero ubilo gihuuelih. thero manne giterian ³) megi. bithiu so huuer so thiz gibet hlutru muatu singit gilouban scal thaz inan got thanne gihorie. huuanda her ni bitjt thar ana ellies ⁴) eo uuihtes. nibu ⁵) thes got selbo giboot ci bittenne. indi thar sintun thoh allomannes thurftj anabifangano.

Vater unser, du in (den) Himmeln bist, ge= weihet sei (der) Name dein. Gottes Name ist im= mer geweihet, auch dann wir dies sagen, dann bitten wir, daß sein Name in uns Menschen werde geweihet durch gute Werke. Komme (das) Reich dein. (Das) Reich Gottes ist immer und je wahr. Des(halb) bitten wir doch, denn wir dies sagen, daß Gottes Reich sei in uns, und des Teufels Gewalt werde entfernt von uns. (Es) werde (der) Wille dein gleichwie in (dem) Himmel und in (auf der) Erde. Des(halb) sollen wir Gott immer bitten, daß sein Wille werde gleich in (auf der) Erde in (den) Menschen, so (wie) er ist in (dem) Himmel in (den) Engeln, zudem daß

---

1) Sogleich, alsbald.
2) S. Nr. 6.
3) gi-, ga-terjan, schaden.
4) ellies und wihtes sind Genitive.
5) nibu, nube, das verneinende ibu, wenn nicht, sondern s. Nr. 12.

man in (auf der) Erde seinen Willen wirken möge, sowie (die) Engel in (dem) Himmel mögen. **Brot unseres beständiges gib uns heute.** Alle Menschenbedürfnisse sind in dem Brotesnamen gemeint, deren er (der Mensch) zu diesem gegenwärtigen Leibe bedarf. Bei dem soll man (der) Tage jeglichen dies Gebet singen, wer will, daß ihm Gott (der) Tage seiner Bedürfnisse helfe. **Und verlaß (erlaß) uns Schulden unsere so wie wir ver=(er=)lassen Schuldnern unsern.** Wer so dies sagt, so bedarf (er), daß er so thue, so (wie) er sagt. Denn er flucht ihm (sich) mehr dann (als) er ihm (sich) Gutes bitte, ob (wenn) er so nicht thut, so (wie) er sagt. Denn wer so (einem) Andern erzürnt ist und dies Gebet dann singt, der bittet ihm (sich) selbst dann Uebeles. **Und nicht geleite (führe) uns in Versuchung.** Nicht leitet Gott Jemanden in irgend ein Uebel, außer denn (aber wenn) er den Menschen verläßt, so ist er alsbald in Versuchungen. Das meinet (bedeutet) das Wort, daß er uns nicht verlasse, zu dem daß wir in Uebel geleitet nicht werden. **Auch (sondern) erlöse uns von (dem) Uebel.** In diesem Wort ist befangen (enthalten) aller Uebel jegliches, das einem Menschen schaden mag. Bei dem so wer so dies Gebet mit lauterem Muthe (Sinn) singet, glauben soll er, daß ihn Gott dann erhöre. Denn er nicht bittet darin irgend etwas Anderes, als was Gott selbst gebot zu bitten. Und darin sind doch alle Menschenbedürfnisse befangen (enthalten).

―――

VIII. Aus dem 8.—9. Jahrhundert.

Aus einer Handschrift zu München, cod. Frising. Cimel. III, 4 n. Bl. 70b, bei Maßmann Nr. 58, bei Wackernagel I, 53 aus Docens Miscell. II, 288f., bei Pischon I, 10f., in meinen Proben der deutschen Poesie und Prosa. 2. A. 1851. I, 9f.

Pater noster qui es in celis. *Fater unser du pist in himilum.* mihhil[1]) gotlich[2]) ist daz der man den almahtigun truhtin[3]) sinan fater uuesan[4]) quidit[5]) karisit[6]) denne daz allero manno uuelih[7]) sih selpan des uuirdican gote[8]) cotes sunt[9]) zeuuesan. Sanctificetur nomen tuum. *kauuisit*[10]) *si namo din.* Nist[11]) uns des duruft, daz uuir des dikkem[12]) daz der sin namo kauuihit uuerda, der eo uuas uuih enti eo ist. uzzan[13]) des dikkames daz der sin namo in uns kauuihit uuerda. endi de[14]) uuihnassi de uuir in deru taufi fona imo intfengun daz uuir zie[15])

---

1) Groß, eigentlich und bildlich.
2) Für guotlich, gütlich, herrlich.
3) Herr, gewöhnlich von Gott gesagt.
4) Unser wesen, sein.
5) quidan, s. Nr. 7. S. 9.
6) karisan, sich geziemen.
7) S. Nr. 7. S. 9.
8) Wackernagel gatuoe von gatuon, tuon, thun.
9) Wackernagel sun, Maßmann sune.
10) Wackernagel richtiger kauuihit.
11) D. i. ni ist.
12) dikkan, digjan, thigen, digen, mhd. digen, bitten.
13) S. Nr. 5. S. 8.
14) Statt diu.
15) Wackernagel ze.

demu suonotakin¹) furi inan kabaltana pringan muozin. **Adveniat regnum tuum.** *piqheme*²) *rihhi din.* sin richi uuas eo enti eo ist. uzzan des dikkames, daz daz sin richi uns piqhueme. enti er in uns richisoia³) nalles⁴) der tiuual. enti sin uuillo in uns uualte nalles des tiuuales kaspanst.⁵) **Fiat voluntas tua sicut in celo et in terra.** *uuesa din willo sama so in himile est*⁶) *sama in erdu.* daz nu so unpilipono⁷) enti so erlicho soso de engila in demu himile dinan uuillun arfullant. des mezzes⁸) uuir inan arfullan muozzin.⁹) **Panem nostrum cotidianum da nobis hodie.** *pilipi*¹⁰) *unsraz emizzigaz*¹¹) *kip uns eogauuanna.*¹²) In desem uuortum sint allo unsro liemiscun¹³) durufti pifankan. Nu auar euuigo forkip¹⁴) uns truhtin den dinan lichamun enti din pluot daz uuir fona demu altare intfahames daz iz uns za euuigera heili enti za

1) Sühntag, Tag des jüngsten Gerichtes.
2) Maßmann piquheme von piqhueman, piquëman, kommen, gelangen zu etwas, s. Nr. 3. S. 4.
3) richisôn eigentl. das Reich haben.
4) D. i. ni alles, nicht alles.
5) Verlockung, wörtlich unser Gespenst.
6) Wackernagel ist, zu sama so, s. Nr. 6. S. 8.
7) Abv. von pilipan, bleiben.
8) Maß, maßgebende Bestimmung der Art und Weise.
9) So die Handschrift, Wackernagel muozîn.
10) Gehört zu pilipan.
11) S. Nr. 4. S. 6.
12) D. i. immer zusammen wann, in allen Zeitpunkten zusammen.
13) Für lichamiscûn, den Leichnam (Leib) betreffend, leiblich.
14) Stärker als kip.

euuikemo lipe¹) piqhueme nalles za uuizze.²) enti din anst³) enti dino minna in uns follicho kahalt. Et dimitte nobis debita nostra sicut et nos dimittimus debitoribus nostris. *enti flaz*⁴) *uns unsro sculdi sama so uuir flazzames unsrem*⁵) *scolom.* makannotduruft allero manno uuelihhemo sih selpan desem uuortum za pidenchennac daz allero manno uuelih sinemu kanoz enti sinemu proder er allemu hugiu⁶) enti herein sino missitati flazze. daz imu der truhtin samo deo sino flazze.⁷) danna er⁸) demu sinemu kanozze flazzan⁹) ni uuili danna er qhuidit flaz uns sama so uuir flazzames. Et ne nos inducas in temptationem. *enti princ unsih inin*¹⁰) *chorunka.* ni flazz unsic truhtin den tiuual so fram gegachoron¹¹) soso sin¹²) uuillo si. uzzan soso uuir mit dinera anst enti mit dinem ganadin ubaruuehan mekin. Sed libera nos a malo. *uzzan*

---

1) lip, Leib und Leben.
2) Davon unser Verweis statt Verweiß.
3) Goth., ahd., mhd. anst, später mit gi-, Gunst, schon mhd. ganst gunst neben anst.
4) Imperativ von flâzan, s. Nr. 5. S. 7.
5) Maßmann unserem.
6) hugu, goth. hugs, der denkende Geist, vgl. lat. cogitare.
7) Wackernagel flâze.
8) Wackernagel nimmt zwischen danne und er eine Lücke an, wozu die Handschrift keinen Halt gibt.
9) Wackernagel hat flâzen und nachher flâzamês, flâz.
10) Lies ni in.
11) Lies mit Wackernagel gachorôn.
12) Von zweiter Hand beigeschrieben.

kaneri[1]) *unsih fona allem sunton* kalitanem[2]) enti antuuartem enti cumftichem. *amen.*

Vater unser, du bist in (den) Himmeln. Sehr herrlich ist, daß der Mann (Mensch) den allmächtigen Herrn seinen Vater wesen (sein) saget. Es geziemt denn (daher, also), daß aller Männer (Menschen) jeglicher sich selben (selbst) würdigen (würdig) thue (mache), Gottes Sohn zu wesen (sein). **Geweihet (geheiliget) sei (der) Name dein.** Nicht ist uns deß Durst (Bedürfniß), daß wir deß (darum) bitten, daß der sein Name geweihet (geheiliget) werde, der je (immer) war heilig und je (immer) ist: sondern deß bitten, daß der sein Name in uns geweihet (geheiliget) werde, und die Weihniß (Heiligung), die wir in der Taufe von ihm empfiengen, daß wir (die) zu (an) dem Sühntage vor ihn gehaltene (erhaltene, unversehrt) bringen müssen (mögen). **Zukomme (das) Reich dein.** Sein Reich war je (immer) und je (immer) ist: aber deß (darum) bitten (wir), daß das sein Reich uns zukomme, und er in uns herrsche, und nicht der Teufel und sein Wille in uns walte, nicht des Teufels Verlockung. **Wese (es sei, geschehe) dein Wille, gleich wie (er) in (dem) Himmel ist (geschicht), so auf Erde.** Daß nun so unaufhörlich und so ehrlich (ehrerbietig) wie die Engel in dem Himmel deinen Willen erfüllen, des Maßes (ebenso, wie) wir ihn erfüllen müssen (mögen). **Brot unser be-**

---

1) kanern, ginern, genesen machen.
2) Part. von lidan, gehen, vergehen.

ſtändiges gib uns immer. In dieſen Worten ſind alle unſere leiblichen Bedürfniſſe befangen (enthalten). Nun aber ewig (allezeit) vergib (gib, verleihe) uns, Herr, den deinen Leib und dein Blut, das wir von dem Altar empfangen, daß es uns zu ewigem Heile und zu ewigem Leben bekomme (gereiche), und nicht alles (ganz) zu Strafe, und deine Gunſt und deine Minne (Liebe) in uns völlig erhalte (bewahre). Und erlaß (vergib) uns unſre Schulden, ſo wie wir erlaſſen (vergeben) unſern Schuldnern. Höchſt nöthiges Bedürf= niß (iſt) aller Männer (Menſchen) jeglichem, (in, bei) ſich ſelben (ſelbſt) dieſen Worten nachzudenken, daß aller Männer (Menſchen) jeglicher ſeinem Genoſſen und ſeinem Bruder (er) mit allem (ganzem) Sinne und Herzen ſeine Miſſethaten erlaſſe (vergebe); dann (wenn) *** er dem ſeinen Genoſſen erlaſſen (vergeben) nicht will, (ergänze: ſo lügt er), denn (wenn) er ſagt: „Erlaß (vergib) uns ſo wie wir erlaſſen (vergeben)". Und (nicht) bringe uns in Verſuchung. Nicht laß uns, Herr, den Teufel ſo weit verſuchen, als ſein Wille ſei (ſein mag), ſondern als wir mit deiner Gunſt und mit deinen Gnaden überwinden mögen. Sondern mache geneſen (befreie, erlöſe) uns von allen Sünden, gelittenen (vergangenen), gegenwärtigen und künftigen. Amen.

IX. Aus dem 9. Jahrhundert.

Aus einer Handschrift zu München, cod. Emmeram. F. XIII. membr. 4 aus St. Emmeram in Regensburg, bei Maßmann Nr. 59, in Docens Denkm. der althochd. Literatur ꝛc. München 1825, daraus bei Pischon I., 10. Der Erklärung liegt dasselbe latein. Original zum Grunde wie Nr. 8, aber nicht dieselbe deutsche Übersetzung.

Pater nostor qui es in celis. *Fater unser der ist in himilom.* mihil guotlihhi ist daz daz der man den almahtigun truhtin sinan fater uuesan quidit. Sanctificetur nomen tuum. *kaeuuihit uuerde din namo.* nist uns des durft daz uuir des pittem daz sin namo kaeuuihit uuerde. uzzan daz uuir des dickem daz er in uns kaeuuihit uuerde. daz uuir de uuinessi kachaltem de uuir dar fona imo in deru touffi infiengun. daz uuir die kachaltana in demo sonategin furi inan pringan muozzin. Adveniat regnum tuum. *piqueme rihi din.* sin rihi eino[1]) uuas eo. uzzan uuir sculum des pitten den almahtigun truhtin daz er in uns rihiso nalles des tiuules kaespanst. Fiat voluntas tua sicut in celo et in terra. *uuesse uuillo din sama ist in himile enti in erdu.* daz so unscripulo[2]) enti so uuerdliho[3]) so de dine engila de den dinan uuillun in himile acruullent. daz uuir inan des mezzes in erdu acruullen muozzin. Panem nostrum cotidianum da nobis

---

1) Das Eine.
2) Unskrupelhaft, ohne Anstoß.
3) Würdiglich.

hodie. *pilipi unsaraz kip uns emizizaz.*[1]) des sculu uuir pitten den halmahtiguu[2]) truhtin den sinan lihamun enti daz sin pluot daz uuir dar fona demo altare infahemes daz in[3]) uns mera[4]) ze euuigeru heli piqueme denne ze uuizze. **Et dimitte nobis debita nostra sicut et nos dimittimus debitoribus nostris.** *enti ulaz uns unsero sculdi sama so uuir flazzemes unserem scolom.* ullero manno liib[5]) scal sih pidenchen in desem uuortom. daz allero manno uuelih sinemo pruoder enti sinemo gnoz sino sculdi flazze. daz uns der halmahtigo truhtin deo unsero flazze. so uuer[6]) sinemo gnoz sino[7]) ulazzit. denne pittit er. daz imo der truhtin deo sino[8]) ulazze. denne quidit. flaz mir sama so ih andermo flazzu. **Et ne nos inducas in temptationem sed libera nos a malo.** *enti ni uerleiti unsih in die chorunga. uzzan erlosi*[9]) *unsih fona allem suntom.* des sculu uuir den truhtin pitten. daz unsih ni ulazze den tiuual so uram[10]) kacchoron. daz siner upiler uuillo ist. uzzan so uilu so uuir mit dinem ensti upaerquemen[11]) megin.

1) Lies emizigaz, s. Nr. 4.
2) Statt alm.
3) Pifchon iz (es).
4) Mehr denn (als).
5) Sonst uuelih, welih.
6) So wie er. Pifchon souuer so.
7) Pifchon sine.
8) Pifchon sine.
9) Pifchon aerlosi.
10) Fern.
11) Übertommen, überwinden.

X. Aus dem 11. Jahrhundert.

Aus einer Wiener Handschrift, cod. ambras. vindob. D. I., 36, bei Maßmann Nr. 46.

Uater unsir du in himile bist. Din namo uuerde geheiligot. Din riche chome. Din uuille giskehe in erda. also in himile. Unsir tegelichiz prot gib uns hiuto.[1]) Vnde unsere sculde belaz[2]) uns. also ouh uuir firlazen unseren scolaren.[3]) Vnde in dia chorunga[4]) neleitist du unsih. Suntir[5]) irlose unsih fon demo ubile.

XI. Aus dem 11. Jahrhundert.

Aus Notkers († 1022) Psalmenübersetzung in St. Gallen, bei Maßmann Nr. 47.

Fater unser du in himile bist. Din namo uuerde geheiligot. Din riche chome. Din wille geskehe in erdo.[6]) also in himile. Unser tagolicha[7]) brot kib uns hiuto.[8]) Unde unsere sculde belaz[9]) uns. also

---

1) Findet sich auch sonst für das gebräuchlichere hiutu, f. Nr. 11. 12. 13.
2) Ahd. pi-, pe-, bi-, be- lâzan, blâzan, erlassen.
3) S. Nr. 6.
4) S. Nr. 4.
5) Ahd. suntar, suntir, sundar, sundir, sondern.
6) Der Dativ erdo kommt bei Notker oft vor, f. Nr. 12.
7) Diese Form kommt auch sonst vor, f. Graff V, 362.
8) S. Nr. 10.
9) S. Nr. 10.

ouh uuir belazend¹) unsern sculdigen. Und in chorunga²) ni leitest du unsih. Nu³) belose⁴) unsih fone ubile.

XII. Aus dem 11.—12. Jahrhundert.

Aus einer Münchener Handschrift, cod. Monacens. Indersdorf. Nr. 237. 4. Bl. 45a, bei Maßmann Nr. 56. Diese und die nachfolgende Nr. 13 führen unbestreitbar auf dasselbe Original zurück, und zwar nicht bloß auf denselben lateinischen Grundtext, sondern auch auf eine und dieselbe deutsche Uebersetzung.

Pater noster qui es in coelis. *Fater unser du der in himele bist.* O homo skine⁵) an guoten werchên. daz du sin sun sist. so heizzistu⁶) in mit rehte uater. Habe fraternam caritatem. diu tuot dich wesen⁷) sinen sun. Sanctificetur nomen tuum. *Din namo werde geheiligot.* Wer sol in geheiligon? Nê⁸) ist er heilig. Wir bitten aber daz er in unseren herzon geheiligot werde. so daz uvir in colendo geheiligoen.⁹) Adveniat regnum

---

1) Graff II, 307 hat uns Notker richtiger uuir belazen.
2) S. Nr. 4.
3) Über das abversative nu (sondern, aber) und nube (wenn nicht, sondern) s. Graff II, 978 flg.
4) Vielleicht ist nu belose zu trennen nube lose wie Nr. 12.
5) Scheine, zeige.
6) Heißest du.
7) Die brüderliche Liebe thut (macht) dich wesen (sein).
8) Nun aber.
9) So daß wir ihn durch das Ehren heiligen.

tuum. *Din riche chome.* daz euvige. dara alle guote zuo dingen.¹) da wir dich gesehen suln. unde **angelis** geliche wordene.²) lib ane tot³) haben suln. **Fiat voluntas tua sicut in coelo et in terra.** *Din wille geskehe in erdo*⁴) uone mannesken.⁵) *also in himele* vone **angelis. Panem nostrum quotidianum da nobis hodie.** *vnser tagelich brôt kib uns hiuto.*⁶) gib uns dine lêra. tero unser sela gelabot werde.⁷) wanda⁸) dero bedarf si tagelichen. also der lichamo bedarf brotes. **Et dimitte nobis debita nostra sicut et nos dimittimus debitoribus nostris.** *Vnde unser sculde belaz uns. alsouch wir belazzen unseren sculdigen.* Dise gedingun uerneme mannegelich.⁹) unde si garo zeuergebenne daz luzzela.¹⁰) also er welle daz imo uergeben werda daz michele.¹¹) **Et ne nos inducas in tentationem.** *Vnde in chorunge*¹²)

---

1) Dar alle Gute zu(nach)ſtreben, ſ. Nr. 14.
2) Den Engeln gleich Geworbene.
3) Leben ohne Tob.
4) S. Nr. 11.
5) Menſchen.
6) S. Nr. 10.
7) Gib uns deine Lehre, deren unſere Seele gelabt, geſättigt werbe.
8) Denn, weil, ſ. Nr. 7.
9) Dieſe Bedingung vernehme männiglich (jeder).
10) Und ſei gar (bereit) zu vergeben das Lützele (Kleine).
11) Das Große.
12) S. Nr. 4.

neleitest tu unsich. daz chit.¹) uelazzest²) tu unser bechorot³) werden nach unseren sunton. den du ne beskirmest.⁴) den wirfet **tentatio** nider. ter wirt zehuohe⁵) sinen fianden.⁶) **Sed libera nos a malo.** *Nube*⁷) *lose unsich fone ubele.* lose unsich uone des tivucles chorunge.⁸) unde uone sinemo gewalte.⁹) daz sie uns fone dir gesceiden ne mugin.¹⁰) Sibeu beta¹¹) churze sint tise. an in wirt toh funden al daz tes uns turft ist.¹²)

XIII. Aus dem 11.–12. Jahrhundert.

Aus einer Wiener Handschrift, cod. Vindobon. 123, früher Ambraser Handschrift 22, S. 226 b, zuerst gedruckt in Lambecc. Bibl. Caesar. II. 5 als otfridisch, darnach bei Eccard. Franc. orient. II. 930 und Cateches. theod. S. 81, 51 als keronisch-notkerisch, verbessert in Graffs Diutiska III, 135, bei Maßmann Nr. 57. S. die vorhergehende Nr. 12.

Pater noster qui es in coelis. *(V)ater unsir*

---

1) Das sagt, heißt, von quëdan, s. Nr. 7.
2) Nicht lassest.
3) Versucht, s. Nr. 4.
4) Den du nicht beschirmest.
5) huoh, hôh = Spott, Gelächter.
6) Feinden.
7) Sondern, s. Nr. 11.
8) Von des Teufels Versuchung.
9) Gewalt ist früher männlichen Geschlechts.
10) Daß sie uns von dir scheiden nicht (ver-)mögen.
11) Sieben Bitten.
12) An (in) ihnen wird doch gefunden all das, dessen uns Nothdurft ist.

du in himele bist. uuolne ¹) du mennisco skeine ana guoten uuerchen daz du sin sun sist. so heizist du in mit rehte uater. habe die minna diu tuot dih uuesen sinen sun. **Sanctificetur nomen tuum.** *Sin*²) *namo uuerde geheiligot.* uuer sol in geheiligon nu ist er heilic. uuir biten auir daz er in unseren herzen geheiligit uuerde. so daz uuir in uobende ³) giheiligen. **Adveniat regnum tuum.** *Din riche chome.* daz euuige dara alla guote zuo dingent. da uuir dih gisehen sculen unde den engilen giliche uuortine lib ane tot haben sculen. **Fiat voluntas tua sicut in coelo et in terra.** *Din uuille giskehe in erdo fone mennisgen also in himile fone den engilen.* **Panem nostrum quotidianum da nobis hodie.** *Vnser tagelichiz prot gib uns hiuto.* gib uns lera dera uusere sela gilabit uuerden. uuanda dera bidarf si tagelichis also der lichinamo bedarf brotis. **Et dimitte nobis debita nostra sicut et nos dimittimus debitoribus nostris.** *Vnde unsere sculde belaz uns also ouh firlazen unseren scolaren.*⁴) Disen gadingen firneme manniclih. unde si garo cefirgebenne daz luzzilla. also er uuelle daz imo firgeben uuerde daz michila. **Et ne nos inducas in tentationem.** *Vnde in dia chorunga neleitist du unsih.* daz chuit ne laz unsir gichorit uuerden nah unseren sunden. den du neskirmist den uuirfit die chorunga

---

1) wolne, wola nu, wohlan nun.
2) Lies Din.
3) Übende.
4) S. Nr. 6.

nidir. der uuird cehuohe sinen fianden. Sed libera
nos a malo. *Suntir irlose unsih fone demo ubile.*
lose unsih fone des tiufilis chorungen unde fone si-
nemo giuualte. Siben bete churci sint dise. an in
uuirt doh funten al daz des uns durft ist.

XIV. Aus dem 14. Jahrhundert.

Aus einer Wiener Papierbandschrift, cod. vindobon. Nr.
2907, früher CCVII. fol. S. 16a—18b.

Ezz[1]) geschach do vnser herr an ainer stat waz
pittent. vnd do er davon liezz. do sprach ainer seiner
jünger. herr ler vns piten. als sand Johannes sein jün-
ger gelert hat. Jhesus sprach ze in. wann ir pittet so
sprechet. **Vater vnser der du pist in den
himeln. geheyligt werd dein nam. zu chom
vns dein reich. dein wille werd hie in erd
als zu hjmel. vnser tegleich prot gib vns
hewt. vnd vergib vns vnser schuld als wir
vergeben vnsern scholner.**[2]) **vnd verlaitt**
(16b) **vns nicht in pechorung. sunder erlozz
vns von dem übl. Amen.**

Glosa. Ezz sprichet vater an den wir glauben.
vnser den wir lieb haben. vnser herre Jhesus Christus
sprichet vater vnser vnd nicht vater mein. darvmb
wand[3]) der almechtig got vnser aller vater ist vnd

---

1) Dieses zz (für ſſ) findet sich im 14.—16. Jahrhundert
auslautend oft. S. Gram. I, §. 257.

2) S. Nr. 6.

3) D. i. weil, j. Nr. 7.

vns allev¹) beschaffen hat. hie mit ist der edel mensch vnd der reiche genant. daz si nicht hochverten wider ir vndertanen vnd die arm sint. oder si sind sein prueder vnd sein swestern nicht. so mag er auch nicht wol gesprechen zu vnserm herren vater vnser wann er pruder vnd swester nicht enhat. Er sprichet der du pist in den himeln da wir an dingen²) wann die diew der fürsacz³) des glauben vnd der lieb und des gedingen machent das gepet wirdig hincz⁴) got. Nu warvmb sprichet er der du pist in den himeln vnd doch aller stat ist. als der salter⁵) sprichet var ich auf in den himel, herre do pist du. var ich ze tal in die helle so pist du da. da antwurt man also über. vnser herre got. haizzet ez darvmb in den himeln, das seine götleich werch vnd gebbalt⁶) mer da erscheint dann anderswa mit götleicher grozze vnd sein weistum⁷) mit schön. sein güt mit maze. oder ez spricht darvmb in den himeln. daz ist in seinen heyligen mit götleichen eren. spricht sand Augustin got ist in im als anefankch⁸) vnd ende. er ist in der welt als ein

---

1) Über allev und die unten folgenden Formen drew, sew, deinew, Ave Maria Nr. 3 vollev s. Gram. I, §. 118 und Anhang S. 291.

2) Hoffen (streben), Nr. 12.

3) Über cz s. Nr. 19 und 20 und Gram. I, §. 266.

4) D. i. hin zu.

5) Psalter.

6) Gewalt, unten ebbigen, ebigen, ebichleich, gegenbürtigen, gebinnest, antburten, über b für w s. Gram. I, §. 156.

7) Weisheit.

8) Über dieses kch für g und ck s. Gram. I, §. 225.

örthaber¹) vnd ein richter in den engeln also suezzer gesmäch²) vnd geczird. in den erwelten als ein erloser vnd helffer. in den vngerechten als vorcht vnd gravsamchait.³) Ez sprichet goheiligt werd dein nam daz ist die ere deines namen werd pestätigt in vns. in vns daz ist mit verstentichait daz wir versteun das⁴) du heilig pist vber alle heyligen, in vns das ist mit ganczer pegir vnsers herczen. mit heiliger lieb in der haimlichaitt das wir dir ze vodrist anligund⁵) sein mit götleicher lieb vnd mit dinst⁶) vnd mit glauben vnd mit übung aller guten werich⁷) das des suns weishait heilig in vns sey. die lib des heiligen geist. di vestichait des vaters. die werch vntaileiher driualtichait. Geheyligt werd dein nam das ist vater das wir dich ymmer⁸) eren als dein chinde. dein nam das ist herre das wir dich ymmer furichten als dein chnechte. dein nam das ist Jhesus hailant das wir von dir hailant alles hail gewinnen. (17a) dein nam das ist Christus daz wir von dir Christe die christenhait⁹) mit glauben vnd mit werchen ymmer pehalten vnd haben daz wir Christes namen vnd werch nachvolgen vnd nicht des Antichreistes davon

---

1) Mhd. orthabe, spätermhd. orthaber = Urheber.
2) Geschmack, Geruch.
3) Über dieses chait (= igkeit) s. Gram. II, §. 97. 122.
4) Über das statt daz s. Gram. III, §. 433.
5) Alte Partizipialform; s. Gram. I, §. 350. unten Nr. 27.
6) Schon frühe tritt i für ie ein, s. Gram. I, §. 57.
7) Über werich, durich, furichten s. Gram. II, §. 61.
8) S. Gram. I, §. 95.
9) Heute Christenthum.

werd dein nam geheiligt von vns mit ganczer pegir
vnd willen in dem herczen mit lob vnd mit furichten
vnd mit ern in dem mund vnd mit der getat an den
werchen. mit den ewigen eren an götleichem lon.
Ez sprichet zu chom vns dein reich. das ist das
vns zuchom das wir das himelreich pesiczen. dein
reich mit pechantnuss der heiligen schrift vnd zestor
daz reich des irrsals vnd der vnuerstentichait. dein
reich das ist Christes christenhait mit peraittunge vnd
mit baytung[1]) vnd zestör daz reich des antichristes
vnd der Juden synagogen. zu chom vns dein reich.
gotz gnaden vnd zestör daz reich der vblln vnd der
sunden. dein reich der ebbigen frewden vnd zestör
daz reich diser gegenbürtigen winchait[2]) vnd der
chünftigen in iener werlt. dein wille werde mit
pecherung vnser sunden mit werchen ganczer puezze.
wann vnser herre sprichit durich Ezechiel mund mein
wille ist nicht der ubeln tod. ich wil mer ir peche-
rung vnd daz si leben. dein will werde. mit der
ebigen pehaltnus der geheyligten mit pestetigung an
guten werchen mit den ewigen eren der saeligen
davon dein will werd auf dem erdreich als
in dem himel daz ist virualtichleich als da ze himel
daz ist in den engeln also auch in den lawten.[3]) alz
in den rechten also auch in den sundern. als in Christ
also auch in der christenhait. als mit worten also

---

1) D. i. Wartung.
2) Wenigkeit, Elend.
3) Unten lawten, f. Gram. I, §. 118.

auch mit willen guter werich. Ez sprichet vnser
tegleich prot gib vns hewtt. daz uber daz
leyppel ¹) ist. er sprichet nicht gib vns fleysch nach ²)
vische. damit ist gemaint nicht übrigs nur alsvil als
durst ³) ist menschleicher natur ze dem leben vnd
nicht ze wollust. das pedewtt ist vey ⁴) dem prot
alz chunig Salomon spricht am anfankch des men-
schens leben ist wazzer und prot. das ist geistleich
ze versten. ob der mensch an der sel leben well so
leb er chrankcher speizz vnd nicht in wollust. spricht
Chrisostomus pey dem prot verstet man zwo sache
die ain daz niemant vmb weltliche sach pitte wann
als daz vns got geit, ⁵) als wol den die da pitent
als den die da aribaitent. daz geit er nicht allain
vns sunder andern lawten mit vns. vnd von vnsern
wegen (17 b) daz wir tailen mit den die nicht mügen
vnd nicht habent. sand Lucas schreibt vnser tegleich
prot nicht ze ainem jar oder zu mer jarn wannd
wir tegleich schullen ⁶) piten vnd got ze alln zeiten
schullen anrueffen. wir wissen nicht wann die zeit
chumpt daz vns der towd ⁷) pegreifft vnd vnz hin
zukcht. er gib vns wan wir an in ⁸) nicht gehaben
mügen. Er spricht vns daz ist vns die gots chind

---

1) Laibel.
2) D. i. noch.
3) Verschrieben oder verlesen für durft.
4) D. i. pey, bey, f. Gram. I, §. 186.
5) Gibt, unten vergeit, f. Gram. I, §. 157.
6) Sollen.
7) Tod, f. Gram. I, §. 132.
8) Ohne ihn.

sind mit christenleichem glauben vnd mit werchen daz wir mit den tailen die dürftig sind. Sand Augustin spricht Christ der spricht zu dir gib mir daz das ich dir gegeben hab. hastu gehabt ain gaber so hab auch ain nemer da du wucher von gebinnest. Er spricht hewtt daz ist ze diser frist wann wir wissen nicht ob wir hincz morgen oder chain weil leben. Sprichet Crisostomus vnser herr hat vmb tegleich prot haizzen piten das man chain sorig hab auf chünftig teg. wann warumb wildu piten auf den tag des du nicht waist ob du in glebst oder nicht. Vnser herre speyste mit fünff proten fünff tawsent man. die fünff prot pedewtent fünff lay¹) da wir vmb piten schullen. daz ain ist das prot der puezze für die pegangen sünde. das ander ist das prot der verstentichait für den hunger des vnglauben vnd des irrsals daz dritt ist daz prot gotsleichnam da vnser sel mit gespeist vnd gesätt²) wirt in göttleicher lieb. wann vnser herr Jhesus Christus selb gesprochen hat ich pin das lebentig prot daz von himel chomen ist. daz vird ist daz prot der himlischen eren. also sand Lucas schreibt das Jhesus Christus gesprochen hat selig ist der mensch der das prot izzet in gots reich. daz fünft prot ist die speizz des leibs da allhie vmb geschriben ist. Ezz sprichet **vergib vns vnser schulde**. daz ist got der allain gewalt hat die sünde ze vergeben. vergib vns sundern vnser schulde da mit vnser

---

1) Fünferlei.
2) Der Umlaut ä für e ist vor dem 15. Jahrhundert selten. S. Nr. 18 und Gram. I, §. 115.

sel gepunden ist ze den peinen der helle. Als wir
den ir schuld vergeben die wider vns getan habent.
da von wer den pater noster sprichet vnd nicht gentz-
lich vergeit allen den die im laid habend getan vnd
sind in dem fürsacz daz sew sich gern rächen ob si
möchten die pitent in selb vnhael¹) wand sew spre-
chent vergib vns vnser schuld als wir tun (18a)
vnsern schuldigärn. Got hat nwr allain gewalt die
sunde zv̊ lazzen vnd nicht der mensch. wie pit²) wir
dann. da ist also vber ze antburten. der mensch der
vergeit wol daz im getan ist. so vergeit vnser herr
die sünde. Ezz sprichet **verlaitt vns nicht in
pechorunge**. wir piten das vns got in pechorung
icht³) in laitte wann ob wir den vergeben die vns
laid habent getan des ist nicht genug ob ez vns
wider gerewt vnd vns die pechorung das ist des
tiefels rat angesigt. dann pit wir verlaitt vns nicht
das ist verheng vns nicht daz wir iu sünde vallen
wannd wir sein in pechorung verlaitet. wannd wir
den sunden verhengen daz sew vns angesigen. da-
von muess wir got piten daz er vns chräft da wider
geb. Ezz sprichet **sunder erlozz vns von dem
übel** das ist daz wir von allem vbl erlost werden.
von dem vbel in diser werlde vnd von dem v̈bl daz
den sündern chünftig ist in iener world vmb die pe-
gangen sünde. Amen daz ist ein wunschpet allez
des wir gepeten haben das daz war werd das sprichet

---

1) Unheil, ſ. Gram. I, §. 52.
2) Bitten, unten muess (müſſen), ſ. m. Gram. I, §. 344.
3) Lies nicht.

Amen das werd war. Hie wirt gefragt warvmb der pater noster so churz ist vnd so wenig wort hat. das ist durich siben sache. die erst das man in schir gelernen mug. die ander daz man in dester leichter pehalte vnd sein nicht vergezze. die dritte das man in ze aller zeit spreche. die. virde daz sein niemant verdriez ze sprechen. die fünft daz sich niemant pereden mug das er sein nicht gelernen mug. die sechste das der mensch gedingen hab daz er schir gewert werd. die sibent das des gepets chraft mit des herczen gir erczaigt werde vnd nicht mit der menig¹) der wort. seind wir im vergeben vnd verlassen schullen vnsern schuldigärn so sunder der der sein gult²) vodert an sein gelter oder der gericht vnd pezzerung sucht vmb das vnrecht das im getan ist. spricht sand Augustin vnser herr redt nicht von der gulte dez guts oder des gerichts sunder von dem neid vnd veintschaft der in des menschen herczen ist das sich der mensch rechen wil. Man fragt auch warvmb wir nicht piten gib vns vnser tegleich prot als wir geben seid³) wir piten vergib vns vnser schuld als wir vergeben (18b). da antburt man allso vber. wir haben nicht ze aller zeit als guten gewalt vnd als gut stat ze geben prot vnd ander gute ding als wir gewalt haben ze verlassen den die vns laid habent getan ob wir wellent. Der pater noster haizzet vnsers herren gepett oder daz herleich gepett wann

---

1) Menge.
2) Schuld.
3) Sint, sintemal, da doch.

ez vnser herr Jhesus Christus aus seinem götleichen
mund gelert hat. An dem pater noster sind acht
sache zu merkchen. des ersten daz man den almech-
tigen got da mit lobt das er herr ist in den himeln.
Darnach so gent siben pet die gent hincz dem vater.
die ersten drew gehorent zdem chünftigen vnd ewi-
gen leben. die vir darnach zdem leben in diser werlde.
die erstew sprichet geheyligt werd dein nam. das ist
gevestent werd dein nam in vns in disem leben daz
wir also staet peleyben an dir das du vnser vater
vnd wir deiney chind eichleich peleiben. das ander
pet zů chom vns dein reich daz wir ez ewichlich pe-
siczen daz ain reich in dem andern reich sey. daz
dritte pet dein will werd hie in erde als ze himel
das ist zu versten recht als die himelische menig vnd
die christenhait die ze himel ist nichts mag welln
nur das sew dich wissen welln also die christenhait
die nach in diser werlde arbaitz werde deinem willen
zugefügt. daz virde pet gib vns hewt vnser täglеich
prot daz vber substanczleich ist daz ist Jhesu Christi
leichnam der aller vber substancz ist daz ist vber
alles daz daz da ist vnd ist vnser prot auf dem alter¹)
vnd ist auch das prot da wir den leipp mit neren.
also gib vns ỹgleich²) prot der sel vnd des leibs.
die andern drew gepet sind verstentichleich von in
selben. an dem leczten seczt der Hebreus daz wort
Amen Sela Salem daz pedewt werleich ymmer frid.
Explicit etc.

---

1) Altar.
2) Jnglich.

XV. Aus dem 14. Jahrhundert (um 1343).

Aus der um 1343 von Matthias von Beheim, einem Mönch zu Halle, gefertigten, auf der Universitätsbibliothek zu Leipzig vorhandenen Übersetzung der vier Evangelien: „Dutunge des latines in daz deutsche;" mitgetheilt im „Leipziger Repertorium der deutschen und ausländischen Literatur", Bd. 23. S. 311, daraus in meinen Proben I. 209.

Vatir[1]) vnsir. der da bist in den himelen. Geheiliget werde din name. Zukume din riche. Din wille der werde. alse[2]) in dem himele. vñ in der erden. Vnsir tegeliche brot gip vns hute. Vñ vorgib[3]) vns vnsir schulde. also ouch wir vorgebin vnseren schuldigeren. Vñ in leite vns nicht in bekorunge.[4]) Sundern lose vns von vbele amen.

XVI. Aus dem 14. Jahrhundert (1367).

Aus einer Münchener Handschrift (Harmonia Evangeciorum) mit der Jahresangabe 1367, cod. germ. monac. 532. S. 21. — ĩ = in.

Vater unser der da ist ĩ den himeln geheiligt werde deĩ name zu kom dein reiche dein wille werde ĩ der erden als ĩ dem himel[5]) unser taglich prot gib

---

1) In dieser Übersetzung steht oft — ir statt — er.
2) Also.
3) Vor- für ver-, s. Gram. II. §. 194. 234.
4) S. Nr. 4.
5) Man beachte die Umstellung, welche früher nicht vorkommt. S. Nr. 17.

uns heute und vergib uns unser schulde als wir tun¹) unsern schuldigern und anfür²) uns nicht ī bekorunge³) sunder erlös uns võ übel amen.

XVII. Aus dem 14. Jahrhundert.

Aus einer Münchener Handschrift, cod. germ. 101. (Cod. germ. membr. 8° 29) Blatt 22 b.

Vater vnser der dv bist in den himeln. geheiligt werd din name. zv chom din reich. din wille werd ervollet⁴) hie enerde⁵) als der⁶) enhimel. vnser taeglich brot gib vns hevt vnd vergib vns vuser schvlde als wir vergeben vns'n⁷) schvldigern vnd verleit vns nicht in dehein⁸) bechorung.⁹) svnder dv¹⁰) erlose vns vor¹¹) allem vbel. Amē.

---

1) Kommt früher in keiner Übersetzung vor.
2) Kommt früher auch nicht vor.
3) S. Nr. 4.
4) Kommt sonst in keiner Übersetzung vor.
5) Die verkürzte Form en für in ist in abverbialen Ausdrücken vor Subst. und Adj. schon mhd. ziemlich gebräuchlich.
6) D. i. dort, gekürzt aus dâr.
7) D. i. vnsern, das unserm Apostroph ähnliche Abkürzungszeichen steht für er, s. Nr. 21. 22.
8) D. i. irgend.
9) S. Nr. 4.
10) Steht sonst nicht.
11) Bei erloesen steht mhd. von und vor. S. Nr. 23. 33.

XVIII. Aus dem 15. Jahrhundert.

Aus einer Münchener Handschrift, cod. germ. monac. 746. S. 42.

Fater unser du pist in den himeln geheiligt werd dein name zu chom dein reich dein wil der werd als in himel und in erd unser tagleich prot gib uns heut und vergib uns unser schulden sam[1]) wir vergebñ[2]) unsern schuldigerñ und verlait[3]) uñ[4]) nicht in kain ubel[5]) chorung sunder erlös uns võ[6]) ubel am̃.

XIX. Aus dem 15. Jahrhundert.

Aus einer Wiener Handschrift, cod. Vindobon. Nr. 2749 sonst Nr. CCCXI, bei Maßmann Nr. 53b.

Vater v̈nser[7]) der du pist in den himellen. geheiligt werd dein nam. Czu[8]) chum dein reich. Dein will gescheh als in dem himel vnd in der erden. V̈nser tägleich[9]) prot gib v̈ns heut. Vnd vergib v̈ns

---

1) Vergl. das ältere sama, so in Nr. 6. 7. 8. 9.
2) D. i. vergeben, wie schuldigerñ = schuldigeren.
3) Vergl. Nr. 4. 9.
4) Statt uns.
5) Fehlt in den älteren Übersetzungen, chorung, s. Nr. 4.
6) D. i. von.
7) Der Umlaut ü, v̈ für u ist in der 4. Bibelübersetzung (1470—73) oft zu finden, s. Gram. I, §. 86.
8) cz für z, s. Nr. 14, 20 und Gram. I, §. 266.
9) S. Nr. 14.

v̄nser schuld als vnd wir vergeben v̄nseren schuldigern vnd nicht leitt v̄ns in bechorunge. Sunder erlös v̄ns von v̆bel. Amen.

XX. Aus dem 15. Jahrhundert.

Aus einer in der Gymnasialbibliothek zu Freiberg aufbewahrten Übersetzung des ganzen neuen Testaments aus dem Anfang des 15. Jahrh., mitgetheilt im „Leipziger Repertorium der deutschen und ausländischen Literatur," Bd. 13. S. 311 daraus in meinen Proben I, 217.

Vater unser du da bist in den himeln. Geheiligt werde dein name czukum[1]) dein reich dein wille werd in der erde alz[2]) im himel vnser tegelz[3]) brot gib vns heut vnn vergib vns vnser schuld als auch wir vergeben vnsern schuldigern vnn für[4]) vns nit in versuchung.[5]) Sunder derlos[6]) vns von den vbeln amen.

---

1) S. Nr. 14.
2) Richtiger als, s. Nr. 22.
3) Lies tegelichs.
4) Kommt in keiner frühern Übersetzung vor, s. Nr. 27.
5) Kommt in keiner frühern Übersetzung vor.
6) Für erlos, s. Nr. 22. Über dieses der, s. Gram. II, §. 212.

XXI. Aus dem 15. Jahrhundert.

Aus cod. chart. IV. no. 268 (Das puch ist des petter volkumers), Blatt 19 der Hofbibliothek zu Gotha, wahrscheinlich aus dem 15. Jahrhundert.

Das pater noster ym kintbett.

Uater vnser hoh in der schöpffung suszin [1]) in der lieb | reich ym erbteil | Der du bist yn hymeln Ein spigel der ewigkeit | ein kron der wonsamkeit | ein schatz der selikeit Geheiligt werd dein name In den ceyten mit heiligkeit In den vnglaubigen mit v'einigūg [2]) In den sūdȳ mit begerūg. Zukum dein reich | Ditz wonnsam ist on v'mischuug still an [3]) betrvbung sicher on v'lust | Deȳ will der werd als ym himel vnd auff erden | Daz wir flihen waz du hassest vnd liebn̄ daz du liebest vnd wasz dir gefellt daz wir daz thun, vns' teglichs brot gib vns heut | der lere der bus' der zaher der teylhafftigkeit aller messen | vnd vergib vns vns' schuld | die wir volbracht habn̄ wider dich | wider dy nechstn̄ wider vns selbs vnd als wir v'gebn̄ vns'n schuldigeren | dy vns haben geleydigt mit vnrechten worten | mit slegen oder mit scheden | vnd nit einleit vns in v'suchung Der welt dez fleischs vnd der teufel | hilff

---

1) Lies susz.
2) In der Handschrift steht meist ū für un, ȳ für yn, ī für im, ā für en. Über die Abkürzung für er s. Nr. 17.
3) Die alte Form für die spätere one (ohne).
4) bekorung, s. Nr. 4.

vns vberwinden all bekerung¹) | Sunder erleise
vns von vbel amen | der tafunden¹) der hell des
fegfeurs | der trubsal der veint vnd vor allem übel
Amen.

XXII. Aus dem 15. Jahrhundert.

Aus einer Handschrift der Züricher Stadtbibliothek. MS.
C. $\frac{55}{713}$.

Vatt' v̊ns' da dv bist in dē hīmeln. Geheiligot
w'de dī name. Zv̊ kome v̊ns dī rich. Din wille
w'de in dem himel. Als vf d' erdē. v̊ns' teglich
brôt gib v̊ns hůte. vn̄ v'gib v̊ns v̊ns' schulde. als
ỏch wir v'gebē v̊ns'n schuldn'en. vn̄ leite v̊ns nit in
bekörunge. Sund' löse v̊ns võ allem v̊bel.²)

---

1) Wahrscheinlich verschrieben, statt tiefunden, d. i. tiefen
Wogen.

2) Statt er steht ein unserm Apostroph sehr ähnliches
Zeichen, s. Nr. 17. Das v̊ ist der Anfang unseres geschrie-
benen, mit einem Überstrich versehenen ů. In der 4. Bibel-
übersetzung (1470—73) steht oft ú für u, s. Gram. I, §. 86;
ē = en, ī = in, im, n̄ = nd, õ = on.

XXIII. Aus dem 15. Jahrhundert.

Aus einer Übersetzung des neuen Testamentes aus dem Anfang des 15. Jahrh., Handschrift zu Einsiedeln Nr. 10 fol.

Vater vnser der da bist in den himeln. Geheiligt werd dein nam. zu kom vns dein reich. dein will gescheh auch in der erdo alz[1]) in dem himel. vnser überwesentlich[2]) brot gibe vns hewt. vnd abla[3]) vns vnser schuld. alz wir auch ablazzen vnsern schuldigern vnd daz du vns nicht einleitest in kein bekorung. Sunder derlöz vns vor[4]) übil. Amen.

XXIV. Aus dem 15. Jahrhundert (1421).

Aus einem Psalter vom Jahre 1421, Handschrift zu Einsiedeln Nr. 620 fol.

Vatter vnser der du bist in den hymeln Gehailget werd din nam Zů kom din rich Din wille werd in hymel vnd in erd Gib vns vnser täglich bröt vnd vergib vns vnser schuld als wir vergebint[5]) vnsern schuldnern Vnd nit laite vns in bekorung Sunder lös vns von übel. Amen.

---

1) Vergl. über alz und derlöz Nr. 20.
2) Kommt in keiner frühern Übersetzung vor, vergl. Nr. 33.
3) Lies ablaz.
4) S. Nr. 17. 33.
5) Über das t der 3. Person Plur. s. Gram. I, §. 346.

XXV. Aus dem 15. Jahrhundert (um 1450).

Aus einem titellosen Buch (Art Chronik) in der Pfarrbibliothek zu Oberlahnstein am Rhein. Das zerrissene Buch hat nur noch wenige Pergament- und Papierblätter. Das Gebet steht jetzt auf dem ersten Blatt, auf dem dritten Blatte steht von derselben Hand ein Aktenstück vom Jahre 1451 Die Sprache hat wie auch in Nr. 26. 32. 35. stark niederrheinische Färbung. S. Gram. I, §. 65. 130. 131. III, S. 290.

Vater vnßer[1] der du bist in den hymelen. Geheyliget werde dyn name. zukome dyn riche. dyn wylle gewerde als im hymel vñd yn erdē. vnß degeliche broit gib vuß hude. vñd vurgib vns vnse scholt als vñd wir vurgeben vnsen scholdigern. vñd nicht yuleyde vus yn bekeringe sondern erloise vns võ vbele. amē.

XXVI. Aus dem 15. Jahrhundert (1458).

Aus einem zierlich auf Pergament geschriebenen Büchlein in 12. aus dem Jahre 1458, das meist Betrachtungen über das Leiden Christi enthält, im Besitze des Herrn Dr. Eb. Busch in Bad Ems. Über die Sprache s. Nr. 25. 32. 37.

Vader vnse[2]) de byst in dē hemelē. Gehilget werde dyn name. Zo come vns dyn rich. Dyn

---

1) Die Formel hymel, heylig, dyn, wylle, yn, ynleyde treten allmählich seit dem 14. Jahrh. ein, s. Gram. I, §. 95 f. vnß, vnßer tritt um dieselbe Zeit ein. s. das. I, §. 255 b, unten Nr. 27.
2) Holländ. ons.

wille de gewerde in der erdē als in dem hemel.
Gyff vns huden vnse degeliche broit. Ind vergyff
vns vnse schoilt als ind wir vergeuē¹) vnsen schoil-
deren. Ind inleide vns neit in becoringe mer²) ver-
loese vns van quadē.³) Amen.

XXVII. Aus dem 15. Jahrhundert (1458).

Aus einer Wiener Papierhandschrift, cod. vindobon. Nr.
3012, früher CXXXVIII, in 12. Die Handschrift enthält S.
77 b. — 91 b. die nachfolgenden Pater noster, S. 91 a. — 93 a.
die unten Nr. 7. 8 folgenden zwei Ave Maria, S. 93 a. — 97 a.
Ain auslegung vber den glauben. Am Ende (96 b. — 97 a.)
steht mit rother Dinte geschrieben: Geschriben zw Andex auf
dem heyligen perg nach Christi gepurd alls man zält Tau-
sent vierhundert vnd in dem Lviij. iar. von bruder Anthonio
Pelchinger professus zw Tegrensee an sand Blasij tag etc.
Seyt durch got mein ingedächt in ywrem andächtigen gepet.
Amen. Jhesu Christe mach haylsamen mein sele.

Ain kurtze auslegung vnd wetrach-
tung⁴) vber den pater noster vnd von
ettleichen vrsachen warumb der pater
noster alle andrew⁵) gepet vbertrifft

---

1) Holländ. vergeven.
2) Sondern ist holländ. maar.
3) Holländ. van kwaaden.
4) Über we- statt be-, das hier oft vorkommt (wegriffen,
wegeren, wetrübten, offenwar, wehalter etc.), s. Gram. I,
§. 186.
5) Unten leiblichew, s. oben Nr. 14, S. 26. Anm. 1.

darvmb man yn gernn[1]) vnd offt petten sol.[2])

Es ist zemercken das das gepet gemacht ist worden von vnnsermm herrnn Jhesu Christo alls man es hat in dem ewangely sand Mathei am sechsten capitel. vnd das gepet sol der mensch empsickleich vnd öffter peten v̄ber alle andrew gepet wann das gepet v̄bertrifft alle gepet der väter dye[3]) vil schone gepet haben gemacht. Am ersten v̄bertrifftz in dem wann es hat gemacht der obrist vnd pest mayster vnd (78a.) herr Christus Jhesus da von spricht Ciprianus das ist das gepett das got selb der mensch geworden ist dye sunder gelernt hat der aus seiner maiesterschafft alls vnnser wegeren in ainer kurtzen red kurtzleich wegriffen hat. Von dem gepet spricht auch sand Bernhart. Das gepet hört got der vator lieber das sein ainiger sun gemacht hat. Zw dem andernn mal das gepet andrew heylige gepet v̄bertrifft in dem wann es mit kúrtzen worten gemacht ist darvmb so mag der mensch kain ausred haben das er das gepet nicht lernen müg. Zw dem dritten mal das gepet alle andrew gepet v̄bertrifft in dem wann in Im ist wegriffen (78b.) alls vnnser wegeren. wann in dem gepet pitt man vmb gutte ding ze erlangen vnd pöse ding zemeiden vmb gutte ding

---

1) In dieser Handschrift werden die auslautenden Konsonanten sehr oft verdoppelt, s. Gram. I, §. 34 f.
2) Das mit gesperrter Schrift Gedruckte ist in der Handschrift mit rother Dinte geschrieben.
3) Über ye für ie s. Gram. I. §. 98.

geistliche zetliche¹) vnd ewigkliche. wann das gepet hat in ym siben wegerung. In den ersten vieren wegeren wir gutte ding ze erlangen. Aber in den lesten dreyn wegeren wir pöse ding ze vermeyden. An dem anfanck des pater noster so spricht man geren dye wort kyrieleyson christeleyson etc. wan in den worten wirt sunderlich dye parmmhertzikayt gottes angerufft. Auch wann man spricht an dem anfanck des gepetes Vater vnnser etc. ist nicht ain wegerunng sunder es ist ain vorred des gepetz. Kyrieleyson das ist alls vil gesprochen Herr hymlischer (79 a.) vater in der ewigkayt dw parmmherrtziger got erparmm dich vber mich. Cristeleyson. Herr got Jhesu Christe des waren lebentigen gottes sun vnd aller welt ain erloser erparmm dich vber mich. Kyrieleyson. Herr heyliger geyst vnd ewiger got ain troster aller wetrübten hertzen erparmm dich vber mich. **Vater vnuser der dw pist in den hymeln.** Herr wir eren vnd loben dich vnd hayssen dich in sunderhayt vnnsernn hymlischen vater. **Geheyligt werde dein nam.** Almächtiger got wir pittenn dich das dein heylikayt erkannt werd in der gantzen welt also das dye gantz weldt gelaub vnd erkenn das dw ein ewiger vnd warer (79 b.) got pist vnd das si dich darumb ewikleichen loben. **Zw kom dein reich.** Herr almächtiger got wir pitten dich das dein ewigs reich das da ist vnd gewesen ist vnd ewikleich wirt allen menschen offenwar werd vnd regier also in vns da mit das²) wir allen

---

1) lies zeitliche.
2) S. Gram. III, §. 433.

deinen gepotten vntertänig sein da mit das in vns
nicht regier der pöß veint das fleisch vnd dye wellt.
**Dein will geschech alls ym himel vnd auf
erde.** Herr got wir pitten dich das dye menschen
auf der erde also vndschulckleich [1]) dienen vnd dei-
nen willen volpringen alls dyr dye engel in dem
hymel vnd das ander hymlisch hör alwegen loben
vnd dienen vnschuldigkleich vnd dyr (80 a.) vnter-
tänig sind. **Vnser tägleich prot gib vns hewt.**
Herr got wir pitten dich das dw vns hye gebest also
ain leiblichew narung an essen vnd an trincken vnd
andrew leiblichew notturfft da mit das vnß [2]) leib
aufgehallten werd vnd dyer [3]) dyenen müg gib vns
den leichnam vnnsers herrnn Jhesu Christi hye ze
empfahen nit zw [4]) der verdampnuß sunder zw deiner
glori vnd zw vnnsermm nutz vnd zw hayl aller
glaubigen seel. **Vnd vergib vns vnnser schuld
alls vnd wir vergeben vnnsernn schuldi-
gernn.** Herr got vergib vns all vnnser sünd wann
si vns nach deiner gerechtickayt schuldig machen
der hellischen pein vnd verleich das wir vnsernn
nach-(80 b.)sten hye in dyser zeit all yr vngerech-
tickayt dye sy in vns geworcht [5]) haben vergeben.
Vnd für [6]) **vns nicht in versuchung.** Herr got

---

1) Verschrieben für vnschuldickleich.
2) S. Nr. 24.
3) S. Gram. I, §. 31.
4) Für zuo, f. Gram. I, §. 134.
5) Gewürtt.
6) S. Nr. 20.

wir pitten dich wann wir angeweygt¹) werden vnd versucht von vnnsernn veinten das ist von dem posen geyst von der pegir des fleisch²) vnd von der wellt das dw vns dann nicht v̄berwintten lassest also das wir in sündt vallen sunder gib vns krafft vnd hilff ze widersten vnd sy ze v̄berwinden. Sunder erloß vns von v̄bel. Herr got wir pitten dich das dw vns erledigest von der durchächtung des trubsäls³) vnd aller vnnser feindt vnd von den peenn⁴) dye vns anligunt sein⁵) vnd angelegt werden vmb vnnser sundt. Amen. das ist alls vil gesprochen (81ᵃ.) Herr wir pitten dich das das geschech das wir pitten etc.

XXVIII. Aus derselben Handschrift.

Ain pater noster über das siben plüt vergiessen vnnser herrnn Jhesu Christi wider dye siben todt sündt etc.

Vater vnuser. Herr parmhertziger got. der dw pist in den hymelń n allmächtig Geheyligt werd dein nam genannt von dem engel Gabriel ee dw in der Junckfrawen leib empfangen wardest der nam ist Jhesus wehalter wann der engel sprach:

---

1) Angewebt, versucht.
2) Statt fleisches. unten krewtz statt krewtzes f. Gram. I, §. 206.
3) Verschrieben oder verlesen statt trübsals.
4) Strafen.
5) S. oben Nr. 14. S. 27. Nr. 5.

Er wehällt sein volck vnd macht sy sälig vnd gesunt von yrnn süuden. Der heylig nam Jhesus wart dyr aufgeseczt an dem achten tag da man dich weschnaid[1]) an deinem mänlichen kewschen gelidt das dyr grosse pein vnd smerczen (81ᵇ.) pracht. durch des selben leidens wellen[2]) wasch vns mit deim kewschen plüt von vnuser vnlautterkait was wir mit den glidernn der purdt[3]) wider dein heylickait haben getan vnd volpracht. **Z w c h ö m d e i n r e i c h.** Darvmb dw plütigen schwaiß[4]) geschwiczet hast nach deinem lesten abentessen. Vnd wir von v̊bringen[5]) essen vnd trincken offt vnd manigfeltickleich schwiczen werden. Vergib vns was wir mit vnmässickhayt wider dich getan haben vnd mit essen vnd trincken verschult. **D e i n w i l l g e s c h e c h a l l s i n h y m e l v n d i n e r d t.** Durch deiner gaislung[6]) willen der will deines ewigen vaters an dyr volpracht wardt da er dich schlahen liess vmb dye sünde deines volcks vnd (82ᵃ.) wann aber vnuser wille nicht volpracht wirdt so werden wir zornig vnd vngeduldig pitten wir dich das dw vns mit dem plüt deins guttigen gaisselnn waschest von allem zorn vnd vndegedult.[7]) **V n s e r t ä g l i c h p r o t g i b v n s h e w t.** Wann dw der kunig pist aller kunig vnd pist mit dornen dyemüttigk-

---

1) Auf dem Rand steht hierzu das erst plut vergiessen.
2) über durch .. willen s. Gram. III, § 314.
3) Geburt.
4) Auf dem Rand steht das ander plut vergiessen.
5) Sonst übrigen (übermäßigen).
6) Auf dem Rand steht das dritte plut vergiessen.
7) Verschrieben statt vngedult.

leich krönet worten [1]) vnd wann wir vns offt vnd dick dye kronen der eren hochfertigklcich an nemmen vnd aufseczen pitten wir dich das dw vns mit dem plut das dyr von der kron v̄ber dein antlütz vnd allen deinen leib abran waschest von aller hochfart vnd v̄bermüt wo wir vns wider dich oder vber vnsernn nachsten erhebt haben mit hochuertigen v̄bersprechen.[2]) **Vnd vergib** (82 b.) **vns vnnser schuld als vnd wir vergeben vnnsern schuldigernn.** Vmb das das dw dyr dein verpachens[3]) gewandt v̇nd klaider hast lassen reyssen vnd abziehen aus deinen verpachen wunden vnd verwunnten leib[4]) das sy all fliessen vnd rinnen wurden[5]) durch des selben smerczen vnd leidens willen vergib vns wo wir mit abreissen frömdes[6]) güt abgenommen haben vnserm nachsten wann wir das wider kernn wellen nach vnserm vermügen. **Vnd nit in lait vns in versuechung.** Darvmb das dw mit henden vnd mit füessen gespannen vnd genagelt pist worden an den stam des heyligen krewtz[7]) aber wann wir der versuchung des (83 a.) tewfels der wellt vnd des fleisch offt vnd dick haben genug tan mit henden mit füessen vnd gantzem leib vnd mit allen vnsernn glidernn träg sein gewesen an deinem dienst pitt[8])

---

1) Auf dem Rand steht das viert plut vergiessen.
2) Überglänzen.
3) Mit Blut angeklebt.
.4) Auf dem Rand steht das funfft plut vergiessen.
5) S. Gram. III, §. 10.
6) S. Gram. I, §. 77.
7) Auf dem Rand steht das sext plut vergiessen.
8) S. Gram. I, §. 314.

wir dich das dw vns waschest mit dem plüt der an-
spannung von den sünden aller vnser trackait¹) dye
wir ye wegangen haben. Sunder erlose vns
von vbel. Aus deinem verwuutten hertzen vnd
aus deiner offnen seitten²) aufgetan mit ainem sper
daraus ran plut vnd wasser mit dem pit wir dich
wasch vns von allem neid vnd hass wann in deinem
hertzen alles gut weschlossen ist vnd alle lieb vnd
minne. Aber in vnserm herrtzen tragen wir (83 b.)
offt lang das übel des neid vnd des hasses von dem
übel vnd von allem übel erloss vns aus deinem lieb-
lichen vnd minnsamen herczen dw obristes vnd aller-
pestz gütt. Amen. Das geschech.

XXIX. **Aus derselben Handschrift.**

Item ain ander pater noster über das
siben plut vergiessen vnnsers herrnn
Jhesu Christi vmb dye siben tugent etc.

Vater vnser. Ewiger lebentiger got. der dw
pist in den hymeln. Mit got dem vater vnd
dem hailigen geist ains. Geheyligt werdt dein
nam. Der von dem engel verkundet war vnd in
der wesneidung auf gesezt da dw an deinem kew-
schen manlichem glid wesnitten wardest mit (84 a.)
selben deinem kewschen plüte mach vns kewsch

---

1) Trägheit.
2) Auf dem Rand steht das sibent plut vergiessen.

vnd durch des selben leidens verdienen gib vns
raine kewschait des herrtzen des leibs vnd des ge-
müttes das wir dich kunig vnd kron der iunck-
frawen heyligen ernn vnd loben mit ainem rainem[1])
hertzen. Zw chöm dein reich. Darvmb dw
plutigen schwaiß geschwiczet hast nach deinem lesten
abentessen durch das verdienen des selben nüchternn
vnd mässigen swiczens willen gib vns mässigs nüch-
ters abprechen essens vnd trinckens damit das wir
alle vnmässigkait vnd v̄berflussickayt v̄berwinden vmb
dein reich. Dein will geschech all[2]) in hymel
vnd in erde. (84b.) Wann dw güttiges senftiges
lämplein vmb vnsernn willen gegaisselt pist vnd er-
czürnest nye vmb des selben pitternn smerczen willen
gib vns gütig senfftmütickait vnd gedult in allem
vnsernn leyden vnd widerwärtigkait. Vnser täg-
leich prot gib vns hewt. Wann dw ewiger
kunig mit dornen dyemutigkleich gekrönet pist wor-
den durch des selben hertten pitternn smerczen willen
gib vns ware dyemutigkait vnd vnser prechen zw̄
erkennen vnd das wir vns nidernn durch deiner dye-
mütigen vnd versmëchten krönung willen. Vnd
vergib vns vnser schuld alls vnd wir ver-
gewen vnsernn schuldi- (85a.) gernn. Vmb
das dw dyr hast lassen abreissen vnd abczerrnn dein
verpachen klaider aus deinen zwpachen wunden.
durch des selben iämmerleichen smerczen willen vnd
pitters ausziechen gib vns ware milltigkayt vnser

---

1) Nach ein steht früher die starke Flexion, s. Gramm. III, §. 155.

2) Lies alls wie unten.

selbs vnd des vnsernn. durch deines milten abziehens willen. **Vnd nicht inlaitt vns in versuchung.** Wann dw̄ dich mit henden vnd mit fūessenn hast lassen spannen mit negelnn an das heylig krewtz. durch des selben pitternn smerczen willen vnd grossen verdienen gib vns ain willigs volpringen dein lob vnd ere[1]) vnd spann vns zu dyr an das krewtz der pueswartigkait das wir vnsere glider (85 b.) kains mögen webegen [2]) dann in deinem dienst. **Sunder erlo β vns von ūbel.** Aus deinem verwunten herrtzen. dar aus wasser vnd plūt ran gib vns den selben schatz alles gütts das war gütt rechter warer mynne vnd lieb zw dyr vnd ware trew zw̄ vnsernn nachsten vnd geordente lieb zw̄ vns selber. das wir von gantzem hertzen vnd allen vnnsernn krëfften dich lieb habenn ūber alle ding. Amenn etc.

XXX. Aus derselben Handschrift.

Ain pater noster mit seiner auslegung nach lauttung der wort etc.

Vater vnser der dw pist in den hymeln. Geheyligt werd dein name. Der dyr in deiner wesneidung aufgesaczt ward da dw̄ zw̄ dem (86 a.) ersten mal dein kewsch plūt vergossest durch vnnsern

---

1) Der Akkusativ nach dem substantivisch gebrauchten Infinitiv ist selten, s. Gram. III, §. 222—3.
2) Bewegen.

willen darvmb das dein name geheyligt würde. Zw̄
chöm dein reich. Darvmb dw plutigen schwaiß
hast geschwiczet. darumb das vns dein reich zw̄
chëme.¹) gib vns durch dein ängstliche nott alls ernnst-
lich werben. das wir schwiczen vnd dardurch we-
siczen dein reich. dar Inne dw öbrister ewiger ku.
nig regnirest. Dein will geschech alls in hy-
mel vnd in erde. Darvmb dw dich hast lassen
gaisseln. das was der will deines vaters das ym
genüg weschäch vmb vnnser schuld. des willen hast
dw albegen²) volpracht darvmb hat er dyr es alles
geben in dein hende. Darvmb in lieb. in laid. ym
leben. ym todt. gang es (86ᵇ·) herr albegen nach
deinem allerliebsten vnd gottlichen willen etc. Vnser
taglich prot gib vns heut. Durch deines dur-
nen krönens willen. wann dw pist der kunig dem
wir dienen vmb das prot. vnd der da essen gibt
allem fleisch. Speyse vns mit deim gotlichen leich-
nam der das lebentig prot ist das von hymel chö-
men ist. Vnd vergib vns vnser schuld als
vnd wir vergeben vnsernn schuldigernn.
Durch des willen das dw dyr hast lassen abziehen
deine klaider aus deinem verbuntem³) leid⁴) das alls
in ainander verpachen was in dein heyligen wunden
vnd liest dyr sy ausziehen vmb des selben schmerczen
willen nym von vns alle posshayt vnd veintschafft
wann wir vmb deinen (87ᵃ·) willen vnd vmb dich

1) Lies chöme.
2) Allwegen.
3) Bernunbeten.
4) Lies leib.

allen den vergeben dye ye wider vns haben getan.
Vnd nit inlaytt vns in versuchung. Durch
des anspannens willen deiner hende vnd füeß mit
negeln an den stam des heyligen krewtz. durch des
selben smerczen vnd leydens willen nagell vnser
hende vnd füess vnd alle vnsre glider wider all pöse
versuchung. vnd das wir niehst[1]) anders handeln
mit vnsernn glidernn dann das dein gottlicher will
sey. **Sunder erloß vns von übel.** Aus deinem
verbunten herrtzen durch das plut der erlösung. vnd
mit dem wasser der rainiggung wasch vns vnd rai‑
nig vns von allem übel in disem sorgksammen ellen‑
den versallezent tall der zächer. **Amen das ge‑
schech.**

XXXI. Aus derselben Handschrift.

(87 b.) Ain pater noster vnd ain aus‑
legung dar über dye den glaubigen
selen zŭglegt vnd geordnet wirt. vnd
ist offt gepetten. Wann alls sand
Augustin spricht. alls wir den glau‑
bigen selen hye zehilff kömen. also
wirt vns auch zehilff kumen wann
wir in ênew[2]) weldt kumen zw yn.

Vater vnser. Schöpfer vnd erloser aller glau‑
bigen selen. Der dw pist in den hymeln. Ain

---

1) Lies nichts.
2) Lies ienew (jene).

kron der säligen. **Geheyligt werd dein name.**
Wesunder¹) in meiner lieben vater vnd můter selnn.
darzw in meiner lieben N.²) sela etc. vnd in allen
glaubigen selen. Durch des smerczen willen deiner
wesneidung vnd durch des selben deines heyligen
(88ᵃ·) rainen lauterun plut vergiessens willen tillge
ab den wenannten selen vnd allen glaubigen selen
ir masen³) vnd sünde yrer vnlautterkait vnd vnrai-
nigkait vnd zaige yn deines gesegten⁴) namen hey-
ligkait das sy dein gottlichen namen loben in ewiger
säligkait. **Zů köm dein reich.** Den benannten
selen vnd allen glaubigen seln für sy in dein reich.
wann dw fur sy geswiczet hast plutigen swaiss. angst.
vorcht. verdriessen. vnd traurigkait hast dw gehabt
von yren wegen nach dem abentessen. vmb dyesel-
ben dein angstliche nott tillg in ab mit deinem plu-
tigen swaiss was dye selbig sele vnd auch all glau-
bige selen (88ᵇ·) mit übrigem essen vnd trincken
mit leichtuertigkait mit nachrede vnd vndanckperckait
haben wider dich getan hie in der zeit ym leib. vmb
dein inprünstiges vnd andachtiges gepett lass sy mit
dyr regnieren in deinem reich da ewige freyd⁵) ist an⁶)
alles trawren. **Dein will geschech alls in hy-**

---

1) Besonders.
2) Auf dem Rande steht: da mag man dye person nen-
nen vmb dye man pitten wil.
3) Wundmale.
4) Gesegneten.
5) Freude.
6) Ohne.

mel vnd in erde. Auf der erde deines menschlichen hoffs vnd auch in deinen genaugen selen besunder der vor wenannten vnd aller glaubigen selen vmb der willen dw dich hast lassen gaysselen vnd grimmleich schlahen das dein rosenvarbs plut allenthalben von dyr floß vmb des selben grossen leydens willen vnd smerczen vergib yn wass sy mit yrem freyen (89ª.) willen wider deinen gottlichen willen haben getan. gib yn stat das sy dich nach deinem allerliebsten willen liebhaben niessen vnd wekennen. Vnser täglich prot gib vns hewt. vnd sunder[1]) den benanten selen. vnd allen glaubigen selen. wann vmb das das dw möchtest dye sele krönen mit guldein kräntzlein. darvmb hast dw dich lassen krönen mit dornen peinlichen iämerlichen vnd schäntlichen vmb den selben vnaussprechlichen smertzen deins gekrönten hauptz vnd deines grossen verdienens vergib yn was sy mit hochmart mit üppiger eyttler ere hye ym leib wider dich haben getan das sy dich kunig aller eren in deiner göttlichen maiestat (89ᵇ.) ewigkleich ansehen. Vnd vergib vns vnnser schuld alls vnd wir vergeben vnsernn schuldigernn. Vnd benanten selen vnd allen glaubigen selen dar vmb das dw dich hast lassen ausziehen dar[2]) dyr deine klaider in dein heiligen wunden waren verpachen vnd dye wunden wider vmb aufgerissen alls man dyr dye selben klaider abzoch. vergib den selen vnd allen glaubigen selen

---

1) Besonders, insonderheit.
2) Lies da.

was sy mit geittigen¹) abreissen zeitliches guttes hye yn leib haben getan vnd verschuldet. vnd durch deines smerczen willen weklaid sy mit dem klaid der vnschuld. vnd gib yn das erst klaid der gnaden vnd gerechtigkayt. vnd für sy in den schatz der (90ᵃ·) ewigen säligkait. Vnd nicht inlaitt vns in versüchung. Vnser veindte vnd auch aller glaubigen selen vmb das das dw dich hast lassen anspannen mit eysnen nägl an das fron krewtz durch des selben smerczenlichs auspannens willen deiner hend vnd fuess vergib den benannten selen vnd allen glaubigen selen wo sy yr hende vnd füess vnd andre glider haben gespannen vnd gestreckt in dye sunde. vnd trëg sind gewesen in deinem dienst. durch das reilich²) fliessen deines rosenvarben plütz der vier wunden hendt vnd fuess vnd vmb dein grunttlich verdienen erledig sy von den panden der pein. das sy loß frei vnd ledig dich ewigklich loben. Sunder (90ᵇ·) erloß vns von übel. Auch dye wenannten sele vnd all glaubig sele erlöß von der strengen pein. vnd fuer sy dar aus zw dyr. vmb das auftün deiner heyligen seytten vnd vmb das verbunden³) deines mynsamen herczen. dar inne dye adernn der lebentigen wasser sind. vnd auch dar aus plut vnd wasser floß. mit dem selben herrtzenlich plut vnd wasser wasch dye selen aller glaubigen von allem neid vnd hasße. den sy haben gehabt in

---

1) Geizigen.
2) Reichlich.
3) Verwunden.

dem leben dieser zeit, vnd vmb dein vnmässigs verdienen deins pittern sterbens vnd ellend[1]) todes gib dich yn dw wares obristes vnd ewigs gantz güt das sy von dem übel vnd pein vnd schuld loß vnd ledig werden. vnd mit dem (91ᵃ.) güt der überflussigkait deines haws. da dw mit got dem vater vnd dem heyligen geist ewigkleich regnierest. Amen.

Hye endent sich fünff pater noster dye ich ewern furstlichen gnaden geschriben hab vmb das, das ewr gnad dester andachtiger werd ze pitten vnd petten vmb alles das dar vmb yr pitten süllte vnd auch dar vmb got von ewern gnaden gepetten wil werden. Der erst pater noster ist vmb dye siben ding nach lauttung des pater noster. Der ander pater noster ist dar vmb das vns vnser sünd vergeb. Der dritt pater noster ist vmb das das vns got dye tugent verleich dye den sunden widersprechen. (91ᵇ.) der viert vmb guts vnd wider poß das dar vnder ist wegriffen. Der funfft vmb yeglich freẅnt sel vnd vmb all glaubig selen.

----

1) Lies ellenden.

XXXII. Aus dem 15. Jahrhundert.

Aus einer Handschrift der Stadtbibliothek zu Trier Nr. 813—217. Bl. 112 aus dem Ende des 15. Jahrhunderts. Die Sprache streift hier und da ans Niederrheinische. Vergl. Nr. 25. 26. 38.

Vater unser du bist in den hymelen gehcilicht werde dyn name zu komme uns dyn rich. Dyn wille gewerde als in dem hymmel und in der erden. Unser degligs broet gib uns hide und vergib uns unsre schult als wir doen unsern schuldigern. Nit verleit uns in bekorung sondern erloes uns von ubel. Amen.

XXXIII. Aus dem 15. Jahrhundert (1472).

Aus einer Bibelübersetzung vom J. 1472 in der Kantonsbibliothek zu Zürich. S. die nähere Beschreibung im „Serapeum" 15. Jahrg. 1854. Nr. 12. S. 183 f.

Vatter vnser der du bist in den himelen geheiliget werde din name. zu kome vns din rich din wille der werde als in dē himel vn in der erden. vnd vnser brot dz übersubstentzlichen[1]) dz gibe vns hüte. vnd vergibe vns vnser schulde als wir vergebent[2]) vnsern schuldenern. vnd enleit vns nit in kein bekorunge. sunder erlöse vns vor[3]) übel. Amen.

---

1) Vergl. Nr. 23.
2) S. Nr. 24.
3) S. Nr. 8.

XXXIV. Aus dem 15. Jahrhundert (1474).

Aus den deutschen Predigten des Dominikaners Joh. Nieder von Basel († 1438), Handschrift vom Jahre 1474, geschrieben von Mart. Nuber, im Besitz des H. Hasak.

Vater vnser der du bist in den himeln. gehailiget werd din nam. zůkom din rich. din will werd hie¹) vff erd als im himel. gib vns huit²) vnser täglich brot. vergib vns vnser schuld als wir tůgen³) vnsern schuldigern. nit laus⁴) vns verlait⁵) werden in kainer versuchnuß.⁶) sunder erlös vns vom übel. amen.

XXXV. Aus dem 15. Jahrhundert (1499).

Aus einer Papierhandschrift vom Jahre 1499 in 12, im Besitz des H. Hasak.

Dat vat' vnßer. Vater vnßer der du pist yn hymelen. Geheilget werd dey name. Czu kum deyn reich dey wil gesche Als ym hymeln vñ yn erden. Vnßer deglich brot gib vnß hewte. Vnd vorgib⁷)

---

1) Kommt in keiner früheren Übersetzung vor.
2) Ist niederrhein., s. Gram. I, §. 129.
3) S. das. I, §. 197.
4) S. das. I, §. 111.
5) S. das. I, §. 104.
6) Kommt in keiner früheren Übersetzung vor. — Einmal findet sich in dieser Handschrift auch: nit lait uns in bekorung.
7) vor (vorgib. vorsuchūg) ist in dieser Zeit nicht selten für ver, s. Gram. II, §. 194, 234.

vnß vnser schult Als vnd wir vorgebñ vnsern schuldigeren. Vnd nit eyleyt vnß yn vorsuchūg Sůder erloß vnß von vbel amen.

XXXVI. Aus dem 15. Jahrhundert (um 1500).

Aus einer um 1500 geschriebenen Handschrift in fol., worin das Pater noster und Ave Maria wenigstens hundertmal sehr schön geschrieben steht, im Besitz des H. Hasal.

Vater vnser der dw pist in den himeln. geheiligt werdt dein nam, zu chöm vns dein reich, dein will geschech als ym himel vnd in erd. Gib vns hewt vnser tägleich prot, vnd vergib vns vnser schuld als wir vergeben vnsern schuldigern, vnd lass[1]) vns nit in versuechung, sunder erlös vns von übel. Amen.

XXXVII. Aus dem 15. Jahrhundert (1462—66 fol.).

Aus der 1. gedruckten Bibelübersetzung, ohne Ort und Jahr, wahrscheinlich Straßburg 1462—66. fol.

Vatter vnser du do bist in den himeln geheyliget werd dein nam. Zů kum din reich. Dein wil der werd: als im himeln vnd in der erd. Vnser teglich brot gib vns heut. Vnd vergib vns vnser schuld: als vnd wir vergeben vnsern schuldigern. Vnd für vns nit in versůchung: sunder erlöß vns von den vbeln Amen.

---

1) Kommt in keiner früheren Übersetzung vor.

XXXVIII. Aus dem 15. Jahrhundert (1489).

In der Stadtbibliothek zu Trier befindet sich ein vorn zerrissenes Büchlein in 8, auf der Rückseite des letzten Blattes steht: „Dit hantboichelchen ... bait gedruckt tzo der teren godes Johan Koelhoff von Lubeck, burger in Coellen in dem jair uns herrn MCCCCCXXXIX." Über die Sprache s. die Bemerkungen zu 25. 26. 32.

Dat pater noster. Vader unse der du bis in den hemelen. Geheiliget werde dyn name. Zokome dijn rijch. Dijn wille gewerde, als in dem hemell, so und in der erden. Uns degelich broit giff uns huyde. Und vergiff uns unse schult als und wyr vergeven unsen schulderen Und niet inleyde uns in bekorunge Sunder verloese uns von dem quaden. Amen.

Beigabe.

In: Mithridates oder allgemeine Sprachenkunde mit dem Vater Unser als Sprachprobe in beynahe fünfhundert Sprachen und Mundarten, von J. Ch. Adelung. Zweyter Theil. Berlin 1809 stehen S. 185 f. einige der oben mitgetheilten Nr., aber meist ungenau, dann zwei Übersetzungen aus Gedichten (Otfried, Reimar von Zweter) und nachfolgende 7 Nr., die, wie es scheint, hier und da von den Handschriften, aus denen sie abgedruckt sind, etwas abweichen, namentlich in Bezug auf die großen Anfangsbuchstaben und die Interpunktion.

XXXIX.

Aus einer Straßburger Handschrift abgedruckt in Schillers Thesaur. S. 86. Daraus in Abelungs Mithridates II. S. 197. Nr. 130. Nach Abelung vermuthlich um die Mitte des 13. Jahrhunderts verfaßt.

Fater ynser, tu in Hümele, Din Name urde geheiliget; Din Ricke kome; Din Uile gskehe in Erdo alz Hümele; Ynser tagolicko Brod kib ynss hiuto;

Undto ynsere Sculdo blaze yns als wij belatzen ynser
Sculdige; Unde in Corunga nit leitest du unsich;
Nun belose unsich fone Ubele. Dat ist wahr.

XL.

Aus dem von Prof. Oberlin herausgegebenen Bihte-
buoch Straßburg, 1784. S. 1. Daraus in Abelungs
Mithridates II. S. 197. Nr. 131, von ihm um das Jahr
1350 angesetzt.

Herre Vater unser, du da bist in dem Himel,
Geheiliget werde din Name; Zuo kome uns din Rich;
Din Wille werde hie uff der Erde, als in dem Himel;
Du gib uns unser tegelich Brot; Und vergib uns
unser Schiulde, als wir (tuon) unsern Schuldern;
Unn virleit uns in deheine Bechorunge; Sunder er-
los uns von alleme Ubel. Amen; das wahr ist.

XLI.

Aus einer Handschrift alter Prebigten, in Vadian de Colleg.
German. S. 34. abgedruckt in Schilters Thesaur. S. 83.
Daraus in Abelungs Mithridates II. S. 198. Nr. 132,
nach ihm vermuthlich aus derselben Zeit wie Nr. 2.

Gott Vater unser, der bist in den Himelen, Ge-
heiliget werde din Name; Zuchome din Riche; Werde
din Wille hie in Erden, also da ze Himele; Unser
tagolich Brot gib uns hiuto; Und vergib uns unser
Schulde, als wir tuon unsern Schuldigen; Und leite
uns in deheine Bechorunge; Und erlose uns von
allem Ubele.

Von einem Ungenannten um 1400.

XLII.

Aus einer handschriftlichen Bibel in Tav. Gottfr. Schö=bers Bericht von alten Deutschen Bibeln, S. 71, abgedruckt in Adelungs Mithridates II, S. 198. Nr. 133, nach ihm vermuthlich um 1400 verfaßt.

Vatter unser, der du bist in den Hymeln. Geheiliget werde din Name; Zu komme din Riche; Din Wille der werde als in dem Hymel, und in der Erden; Und unser Brot das über substanzlich gib uns hüte; Und vergibe uns unser Schulde, als wir vergebent unsern Schuldenern; Und enleit uns nicht in kein Bekorunge; Sunder erlöse uns von Übel. Amen.

XLIII.

Aus einer handschriftlichen Auslegung des V. U. in der Churf. Bibliothek zu Dresden abgedruckt in Adelungs Mithridates II, S. 199. Nr. 134, nach ihm ungefähr aus derselben Zeit wie Nr. 4.

Vater unser der du pist in den Himeln, Geheilig werde dein Nam; Zu chom uns dein Reich; Dein Will werd in Erd, als in dem Himel; Unser tagleich Prot gib uns hewt; Und vergib uns unser Schuld, als wir tun unsern Schuldigern; Und enlait uns nicht in Pechörung; Sondern erlöz uns von allem Ubel. Amen.

XLIV.

Aus einer geschriebenen katechetischen Schrift von 1430 in Theoph. Sinceri neuer Samml. von raren Büchern, Th. 1. S. 390. Daraus abgedruckt in Abelungs Mithridates II. S. 199. Nr. 135.

Vater unser, der du pist in den Himeln, Geheiliget werde dein Name; Zu chum dein Reiche; Deine Wille der werde als in Hemel und in Erden; Unser teglich Prot gib uns hewt; Undt vergib uns unser Schulde, als wir vergeben unsern Schuldigern; Und verlafs uns nicht an bofser Bethorung; Sunder erlose uns von Ubel. Amen.

XLV.

Aus einer Wiener Handschrift von 1450 in Denis Codd. Theol. Lat. Vol. II, Part. II, S. 1698. Daraus abgedruckt in Abelungs Mithridates II, S. 200. Nr. 136.

Vater unser der da bist in den Himelen, Geheiliget werde dein Name; Zu kume din Riche; Din Wille werde in der Erden, als in dem Himel; Unser tegelich Brot gib uns hute; Und vergib uns unser Schuld als wir tun unseren Schulderen; Und en leit uns nicht in Bekorunge; Sunder erlöse uns von Übele. Amen.

Ave Maria.

Das Ave Maria.

Die Verehrung der hl. Jungfrau Maria breitete sich auf dem Grunde der geschichtlichen Thatsachen aus ihrem Leben aus, erweiterte und steigerte sich mit der Zeit und verzweigte sich über einen nicht geringen Theil des kirchlichen Festbereiches.

Die Dichter des Mittelalters sangen der Gottesmutter die schönsten Lieder, und die fromme Mystik schuf eine überaus reiche Bildersprache, die, in den verschiedensten Gedichten wiederkehrend, uns zeigt, daß sie nicht äußerlich gemacht, sondern innerlich gelebt ist und allgemein verstanden wurde. S. unten den Anhang.

Unter den Gebeten, mit denen wir die Mutter der Barmherzigkeit um ihre mächtige Fürsprache bei ihrem Sohne anflehen, steht das „Ave Maria" oben an. Dieses Gebet besteht aus verschiedenen Theilen, die allmählich aneinander gefügt wurden. Die Worte Ave Maria bis mulieribus sind der Gruß des Engels bei Luk. 1, 28. Die Worte Benedicta tu in mulieribus wiederholte die hl. Elisabeth und fügte die Worte Et benedictus fructus ventris tui hinzu bei Luk. 1, 42. Das Wort Jesus (später auch Jesus Christus) nach ventris tui scheint ziemlich alt zu sein. Über das Alter der nachfolgenden Worte (Sancta-Amen) sind die Gelehrten nicht einig.

Baronius glaubt, die Worte Sancta Maria, mater Dei, ora pro nobis peccatoribus. Amen seien auf der Kirchenversammlung zu Ephesus (im Jahre 431) hinzugefügt worden, und ihm folgt Gavantus u. A. Auf jener Kirchenversammlung wurde der Irrlehre des Nestorius gegenüber Maria allerdings als „Mutter Gottes" erklärt, aber daraus folgt noch nicht, daß die angeführten Worte auch sogleich den bis dahin allgemein bekannten und gebeteten Grußworten beigefügt worden seien. Dieser Zusatz findet sich in keiner lateinischen Gebetsformel vor dem Jahre 1508. Die Worte Nunc et in hora mortis nostrae finden sich zuerst in dem Brevier der Franziskaner vom J. 1525, fehlen aber von da an noch eine Zeit lang in andern Gebetbüchern. Übrigens ist es sehr wahrscheinlich, daß diese Zusätze längere Zeit vorher von den Gläubigen gebetet wurden, ehe sie Aufnahme in die Gesang- und Gebetbücher fanden. Vgl. hierzu besonders Nr. 12. S. 75.

I. Griechisch.

Χαῖρε κεχαριτωμένη· ὁ Κύριος μετὰ σοῦ· εὐλογημένη σὺ ἐν γυναιξὶν, καὶ εὐλογημένος ὁ καρπὸς τῆς κοιλίας σου.

II. Lateinisch.

Ave Maria, gratia plena, Dominus tecum, benedicta tu in mulieribus, et benedictus fructus ventris tui Jesus. Sancta Maria, mater Dei, ora pro nobis peccatoribus nunc et in hora mortis nostrae. Amen.

III. Aus dem 14. Jahrhundert.

Aus der Münchener Handschrift cod. germ. 101 (cod. germ. membr. 8°. 29) Blatt 91a. S. oben Nr. 17. S. 35.

Gegrvzzet sistv maria vollev [1]) genaden. got ist mit dir gesegent bistv vnder allen wiben. vñ gesegent sei daz wůcher [2]) dines libes.

IV. Aus dem 15. Jahrhundert (1421).

Aus einem Psalter vom Jahre 1421, handschriftlich in Einsiedeln, Nr. 620. fol.

Ave Maria. Gegrůfset sigist du Maria vol genáden Der herr ist mit dir Gesegnot bistu vnder allen wiben Vnd gesegnott ist dú [3]) frucht dins libes Jhesus Cristus. Amen.

V. Aus dem 15. Jahrhundert (um 1450).

Aus dem oben Nr. 25 S. 41 angeführten Buche.

Gegrußt sist du maria, vol gnaden, der herr ist ist mit dir, gebenediet bist du vnder allen wyben, vnd gebenediet ist di frocht [4]) dynes liebes ihesus cristus Amen.

---

1) Mhd. volliu. S. oben Nr. 14. S. 26.
2) Kommt in keiner andern Übersetzung vor.
3) Für die. s. Gram. I, §. 89.
4) Für frucht, s. Gram. I, § 65.

VI. Aus dem 15. Jahrhundert.

Aus einer Handschrift der Mainzer Stadtbibliothek.

Gegruzet sist du maria vol gnaden der herr ist mit dir. Du hast getragen den der dich hat gemacht vnd eweclichen blibest du magit.[1])

VII. Aus dem 15. Jahrhundert (1458).

Aus der oben Nr. 27 S. 42 genannten Wiener Handschrift.

Item vber den englischen grůß ain kurcze auslegung etc.

Ave Maria. Gegrust seist Maria. Dw vnuermäligter[2]) sargk. in dem verslossen lag so starck. das war lebentig heylitumb vnd des ewigen schatz reichtumb. Aus der tugent arczt wesunderleich. mach mich menschen reich. wann mich dye sünd verplendent sere. das ich der nicht hab mere. Vol genaden. Dw machst wol mächtige kayserin dye meine sunde vertreybin. vnd sy nynder lassen weleiben vncz[3]) (92 a.) ich mit der tugent reichtumb zw dyr an mein gewar chum da achte ich nicht yrer veintschafft noch kain yre gesellschafft. Der herr ist mit dyr. Edle kunig erwirbe mir. an den der künifftiger richter ist. wann ich köm zw gerichtes

---

1) d. i. Jungfrau. In dieser Fassung kommt der englische Gruß sonst nicht vor.
2) Sonst vnuermeiligt = unbefleckt, unten steht vnmayl.
3) Bleiben bis daß.

frist. vnd mein sünde verraiten¹) müß so man ich
an den englischen grüß der grosse frewd verkundt
dyr edle iunckfraw dann hilfe mir das ich frolich
kom auf den tag vnd verantwurten meiner sünde
klag. Dw pist gesegent vnder den weyben.
Hilf Maria mit rat vertreiben der sünden list so
maniguald iunckfraw zart so kum pald. das ich
wehab²) das vrtayl der vnschuld vnd der vnmayl.
vnd werd (92 b.) meins leidens ergetzt³) vnd in ewi-
gew frewd geseczt. Vnd gesegent ist dye frucht
deins leibs. Maria ergetz mich laids mit angesicht
deiner frucht da dw so in kewscher zwcht in dyer
gepflantzet hast so schon. gib mir den zw lon. mit
dem dw herschest in dem hymelreich. das erwirb
mir ymmer ewigkleich. Jhesus Christus. Amen.⁴)

VIII. Aus derselben Handschrift.

Der englisch gruß zu vnnser lieben
frawen Maria. vnd wirt genant das
guldein Aue Maria.

Gegrüst seist Maria. Alls dw das wort mit
wort empfangen hast nun hast dw den vater vnd
den sun den mach vns güttig vnd genädig. Voller
gnaden. Dw hast geporn den dw iunckfraw em-

---

1) Verrechnen, Rechenschaft geben.
2) Behabe, erhalte.
3) Davon erledigt, befreit.
4) Dieses Marienlied ist mir sonst noch nicht begegnet.

pfangen hast (93a.) den dw mit deinen heyligen
prüstlein gesauget hast des genade mach vns tayl-
hafftig. Der herr ist mit dyr. Der mit seinem
todt vns das leben geben hat der vns durch sein
vrstend frey hat gemacht pring vns zw dyr in dye
ewigkait. Dw pist gesegent in den weyben.
Dein süsser sun aufgefaren über das gestirnn mit
dem mach vns aynig. Gesegent ist dye frucht
deins leibs. Der dich seines amplicks wirdig hat
gemacht den wesüen vns albegen.[1]) Amen.

IX. Aus dem 15. Jahrhundert (1470—80).

Aus dem Buche: „Messe singen oder lesen, wer das thun sol, wenn, wie oder wo," ohne Ort und Jahr (um 1470—80), fol., im Besitz des Herrn Hasak.

Gegrüsset seyst du genaden vol d' herre ist mit
dir du bist gesegnet über alle weyb, vnd gesegnet
ist die frucht deines leybes. Jhesus Christus. Amen.

X. Aus dem 15. Jahrhundert (1489).

Aus dem oben Nr. 38 S. 61 angeführten Buche.

Dat Ave maria. Gegruetzt sijstu Maria, ge-
naden voll. Der here ist myt dyr. Du bis gebendijt
under den vrauwen. Und gebenedijt is dye vrucht
dyns buichs[2]) Jhesus christus Amen.

---

1) Den versöhne uns allwegen.
2) Bauch, holl. buik.

XI. Aus dem 15. Jahrhundert (1499).

Aus der Breslauer Kirchenagende vom J. 1499. 4, im Besitz des Herrn Hasak.

Gegrusset seystu Maria vol gnaden der herre mit dir, Gebenedeyet bist du vnder den weyben. vnde gebenedeyet ist dy frucht deynes leybes Jhesus Christus. Amen.

XII. Aus dem 15. Jahrhundert (1499).

Aus der oben Nr. 35 S. 59 genannten Handschrift.

Aue Maria. Gegrusset seistu Maria vol gnaden der her mit dir du bist geseget yn den frawen vnd gesegent ist dy frucht deynes leibes Jhūß Xpūß[1]) amen. Heilige all'[2]) heil'gste maria cȳ mut' gotes pit· vō vnß sw'd' nv vnd yn d' stūdt vnsers todeß. a.[3])

---

1) Die oft vorkommende Abkürzung für Jhesus Christus.
2) S. die Anmerkungen zu Nr. 22 S. 39.
3) Dieser Zusatz ist zu beachten, er ist der älteste, den ich kenne.

XIII. Aus dem 15. Jahrhundert (um 1500).

Aus der oben Nr. 36 S. 60 genannten Handschrift.

Gegrüesset pist, Maria, voller gnad, der herr ist mit dir, dw pist gesegēt über all frawen, gesegent ist die frucht deins leibs Jhesus Xp̄s. Amen.

XIV. Aus dem 16. Jahrhundert (1503).

Aus dem Bilchlein: „Ain hertzlich Jubill des himelischen Rosenkranz." 1503, 4. ohne Angabe des Druckortes, im Besitz des Herrn Hajal.

Gegrüst seyestu¹) Maria, vol gnaden, der herr mit dir. du bist gesegnet in den frawen, vnd gesegent ist die frucht deins leybs Jesus cristus. Amen.

XV. Aus dem 16. Jahrhundert (1506).

Aus: Manuale curatorum, predicandi prebens modum tam latino, quam vulgari, passim quoque gallico sermone practice illuminatum etc. Von Joannes Ulricus Turgant. Straßburg bei Präß 1506. fol. Andere Ausgaben erschienen zu Straßburg bei Knoblauch 1520 und zu Basel 1616. 4.

Gegrußet syest Maria vol genaden der herr ist mit dir. Du bist gesegnet über alle frowen. vnd gesegnet ist die frucht dines lybes iesus christus. Amen.²)

---

1) An andern Stellen des Buches steht seystu, seyst.
2) Die Baseler Ausgabe hat folgende Abweichungen: Gegryeßet.. seyest.. voll.. herr mit.. über.. frawen.. deins leybs Jesus Christus.

XVI. Aus dem 16. Jahrhundert (1509).

Aus dem oft gedruckten Gebetbuche: Hortulus animae. Straßburg 1509. 8, im Besitz des Herrn Hasak.

Gegrüsset seyest du Maria. vol gnaden. der herre mit dir. Gesegnet bistu in dē frauwen. Vñ gesegnet ist die frucht deyns leybs Jhesus Christus. Amen.

XVII. Aus dem 16. Jahrhundert (1510).

Aus dem Buche: „Die Himmelſtraſs". Augsburg 1510. fol., im Besitz des Herrn Hasak.

Gegrüßt seyest du Maria voller gnadñ, der herr mitt dir, gesegnet bist du vber all frawen. Vnd gesegnet ist die frucht deines leibs Jesus Christus. Amen.

XVIII. Aus dem 16. Jahrhundert (1511).

Aus einem im Jahre 1511 geschriebenen Gebetbuch in der Mainzer Stadtbibliothek

Gegrußet sistu maria folc gnaden der here ist myt dir du bist gebñdit vber alle frouwen gebñdit ist die frucht dyns libs Jhsus Christus. Amen.

XIX. Aus dem 16. Jahrhundert (1537).

Aus: „Ein Neu Gesangbüchlein etc. von M. Behe. Gedruckt zu Leiptzigk 1537. 12."

Gegrüsset seyst du Maria, voll der gnaden, der Herre ist mit dir. Gebenedeyet bist du vnder den frawen. Vnd gebenedeyet ist die frucht deines leybes Jhesus christus. Amen.

XX. Aus dem 16. Jahrhundert (1596).

Aus dem kleinen Katechismus des P. Canisius. Sulzbach 1596. 12.

Gegrüsst seyst du Maria, voller Gnaden, der Herr ist mit dir, du bist gebenedeyet unter den Weibern, und gebenedeyet ist die Frucht deines Leibs, Jesus Christus. Heilige Maria, Mutter Gottes, bitt für uns arme Sünder, jetzt und in der Stund unsers Absterbens, Amen.

XXI. Aus dem 17. Jahrhundert (1605).

Aus: „Catholisch Cantual oder Psalmbüchlein etc. Meyntz 1605. 8.

Gegrüsset seystu Maria, voller genaden, der Herr ist mit dir, du bist gebenedeyet unter den Weibern, vnd gebenedeyet ist die frucht deines Leibs JESVS. Heilige Maria, Mutter Gottes, bitt für vns Sünder, jetzt vnd in der Stund vnsers Todts, Amen.

Anhang.

1. Altdeutsche Namen Gottes.

Gott.

Im alten und neuen Testament führt das höchste Wesen besonders zwei Namen.

Gott (θέος, deus) ist goth. guth, Genitiv gudis, althochd. kot, cot, got, mittelhochd. got, angelsächs., altsächs., holländ., engl. god, altnord. godh, schwed., dän. gud, höchst wahrscheinlich aus persisch khodâ, zendisch quadâta, sanskrit. svadhâ, svadatta, d. i. von sich gegeben, unerschaffen. In demselben Sinne steht auch **Gottheit** (gotcheit, gotheit), ferner gotnissa, gotnissi, gotliihhi, gotelichi, gotcundhi, gotcundnissi.

Herr (κύριος, dominus) ist goth. frauja, ahd. herro, auch truhtin, trohtin, druhtin, drohtin (von truht = Schar).

Eigenschaften Gottes.

Gott ist ein **Geist** (geist), ist nur einer (ein), ist ewig (ewig), allgegenwärtig (aller kagenwurtig), allmächtig (almahtig), unermeßlich (unmâzig), gnädig (ganadig), barmherzig (armherzig), mild (milti), und hold (hold).

Die Dreieinigkeit.

Um die Dreiheit (trinitas) der Personen und die Einheit (unitas) des Wesens Gottes auszudrücken, hat die ahd. Sprache einen großen Reichthum von Namen: drinissa, driunissa, drinisse, thrinissi, thriunissa, thrinisse, trinisse; drinussida, drinusside, trinussida; drisgheit; drivalti, drivaltikhait, trivalticheit. — Die einnissi, einnissa, einnisse; einnussida, einussida, einusside; einigheit.

Gott der Vater.

Als Vater Christi heißt er fater; als Vater und Schöpfer der Menschen: fater; scafari, scaffare, scefferc, skephari, skephare, scepheri; scafeo, scapheo, scephio, scepphio, scaffo, skeffo, scheffo, skepfo; ortfrumo, ortfrume; felaho (von felhan = condere).

Gott der Sohn.

Jesus (salvator) wird beibehaltend und übersetzt: heilant, heilari, heilare; haltari, haltare; nerjendo, nerrendo (von nerjan = erretten); mhd. heilant, heilaere, heiler; haltaere, halter; irlosaere, erloeser, loesaere, loeser; orthabe (Urheber) heiles.

Gott der h. Geist.

Paracletus (Tröster) wird gegeben durch: fluobareri, fluobreri, fluobargeist (flobara = Trost); trost, trostari, trostaere, der trostsame geist; der pirnant (von pirnan = aufrichten); der vinger zeswen gotes (digitus dextrae dei).

2. Bildliche Namen.

(Auszug aus einer Abhandlung von W. Grimm, vor seiner Ausgabe der Goldenen Schmiede Konrads von Würzburg. Berlin 1840. 8.)

In den mittelhochdeutschen Gedichten herrscht eine überaus reiche religiöse Bilderſprache. Dieſe Bilder ſind hergenommen entweder aus der heil. Schrift oder aus den auffallenden Erſcheinungen der Natur. Die ſymboliſche Betrachtung der Bibel, von den Kirchenvätern ausgegangen, beruht zunächſt auf der Überzeugung, daß das neue Teſtament in dem alten vorgebildet ſei. Danach iſt Chriſtus der wahre Salomon, und vorzugsweiſe in dem hohen Liede wird die Jungfrau Maria verherrlicht. Die andere Klaſſe der bildlichen Ausdrücke, die in den Wundern der Natur einen Wiederſchein höherer Geheimniſſe zu erkennen ſucht, iſt ebenſo dem poetiſchen als dem frommen Gefühl gemäß. Was Menſchenhände nicht gebildet, worauf menſchlicher Wille nicht eingewirkt hat, ſondern was, nach unabänderlichen Geſetzen fortbeſtehend, die Friſche und Unſchuld der erſten Schöpfung bewahrt, das erſcheint am würdigſten, der irdiſche Spiegel des Göttlichen zu ſein.

Gott.

Gott iſt der himele keiſer, keiſer aller himele, keiſer aller künege, künec aller künege, der die keiſerlîchen hêrſchaft hât, himelkünec, himelvürſte, himelvater, vater aller hôhen veter, vater aller kriſtenheit, himelherre, des himels wirt, himeljeger (weil er das Einhorn jagt, das den Schoß der Jungfrau ſucht), der engel trût, himel-

vogt, der almehtige voget, der siht (sieht) under diu
ougen, dem dehein gedanc ist tougen (verborgen), der in
elliu herzen siht, dem alliu herze offen sint, dur alle
sinne ein sehender list, der weinen und lachen ge-
schuof, der beidiu krump und sleht geschuof, daz
anegenge und daz ende alles des dar ist, ân (ohne)
angenge und ân ende, sunder ende und âne ur-
sprunc, nihtes iht und ihtes niht, der mir ze lebene
geriet, smit (von Oberlande, weil er alles oben im
Himmel schafft), der wîse ackerman der der werlt al-
rêst began, der Adâmen gebilidôte, diu hoehste hant,
der die werlt hât beslozzen und alliu dinc in sîner
hant, des hant daz mer gesalzen hât, der die sterne
zirken kunde und der erden gab die runde, der
himel und erde ûf habet gar, von dem aller hoesten
luft unz (bis) in die nideristen gruft gewaltec, in des
gewalt diu werlt stât, gewaltic fürste in lüften gar,
herre ûf der erde und in dem sê, got meister in ab-
gründe, der des abgründes tiefe hât gemezzen und
des himels hoehe niht enhât vergezzen, der als ein
vel den himel dent und ûz ein ander strecket, den
al diu werlt umbegrîfen möhte nie, den alle himel
niht bevâhen (umfangen) kunden, den elliu dinc an
breite an lenge niht begrifen mugent, aller wîte und
aller lenge ein umbe gênder (gehender) rinc, aller
höhe ein dach, aller tiefe ein endelôser grunt, des
sezzel ist der himel dort und diu erde sîner vüeze
schamel, der aller wunder hât gewalt, der tuon mac
swaz er wil, der busch unt heide begrüenet, der ûf
der winde vederen saz, der die mergriezen (Sand
am Meer) zelt, der die sterne hat gezalt, der weiz

die zal der sterren, der worhte (wirkte, schuf) mânen unde sunnen, der weiz des ertriches breite und aller tage zal, nâch des gebote sich daz weter muoz rihten, der des esels munt entslôz. — Ez ist mensche ar lewe kalp got unde niht alp (nach Ezech. 10. 14. Offenb. Joh. 4, 6. 7.). er ist der sunne ist der tac ist diu wunne die nehein trüebe krenket, got ein sunne wan er ist' daz wâre licht dar al diu werlt von gesiht, er ist noch liehter denne der tac. — Er ist altherre und juncherre (weil er in Christus sich erneute), ist alter grîser jungeline.

Maria.

Mannigfaltig sind die Bilder von der Menschwerdung und Jungfräulichkeit. Wie die Sonne durch Glas scheint, so ward Maria von Gott durchdrungen. Krystall und Beryll bleiben kalt, während eine Kerze durch sie entzündet wird, so ward durch den göttlichen Schein Christus, das wahre Licht, entzündet. Maria ist wie ein Spiegel, der tausend Bilder aufnimmt, und doch nicht verletzt wird; sie gleicht der Luft, die klar und hell ist, wenn die Sonne durch sie scheint, sonst aber dunkel. Wie das Gestirn seinen Glanz hervorbringt, so gebar sie den Herrn ohne Schmerz. Gott war bei ihr, wie die Sonne bei den Blumen, wenn sie den Thau verzehrt. Wie Regen und Thau über das Gefieder des grünen Fittichs herabfällt, ohne daß es feucht wird, so hat die Flut der Sünde sie nicht benetzt. Sie ist der feurige Busch, auf welchen sich der Herr vor Moses herabließ. Wie die drei Männer im feurigen Ofen, zu welchen der

Herr herab kam, die Glut nicht anders empfanden, als
das frische Gras den kühlenden Thau, so gebar sie ohne
Schmerz. Sie ist der Berg, aus dem der Stein (d. i.
Christus) kam, der das Bild zerstörte, welches Nebukad=
nezar im Traume sah (nach Daniel 2, 45). Sie ist die
ewige Pforte des Himmelreiches, des Paradieses, denn
sie empfieng das Wort durch das Thor ihres Ohres:
dadurch kam die Taube (der hl. Geist) leise in ihr
Herz geflogen; sie heißet die Pforte des Tempels
gen Morgen, die verschlossen war, und durch welche
nur der Herr eingieng (Ezech. 44, 1. 2). Zu ihr kommt
das Einhorn Christus, von dem Himmeljäger getrieben.
Maria als Mutter gleicht der Gerte Aarons, welche,
obgleich dürr, dennoch grünte, blühte und Mandeln trug
(4. Mos. 17, 8). Daher heißt sie der Mandelbaum,
Mandelbaumsblüte, blühendes Mandelreis, blühendes
Himmelreis, blühende Gerte von Jesse (Jsais
11, 10. Röm. 15, 12). Sie ist eine blühende Aloe
(die nur einmal blüht); die Ruthe, womit Moses das
Meer theilte, in welchem Pharao ertrank; die Gerte,
die Ahasverus gegen den neigte, dem er Huld erzeigen
wollte (Esther 4, 11); das Körblein, in welchem
Moses auf das Wasser gesetzt ward. Wie das Sei=
denwürmlein im Gespinst, so ward Christus bei
ihr gefunden. Sie gleicht der Blume im Meere,
in welche sich Nachts ein Vogel senkt und einschließt.
Sie ist die Wiesel, von der das Hermelin geboren
ward. Gold und Seide, oder Seide und Flachs
ward zusammengewunden, sie ist der Zunder, in wel=
chem Gottes Flamme sich entzündete. Sie ist das Him=
melholz, von dem Feuer des hl. Geistes getroffen;

das Feuer des Lebens, in dem der alte Phönix
sich verjüngte; der versiegelte Brunnen, den die
göttliche Sonne beschien und entzündete (Hohel. 4, 12);
die Erde, mit der sich der Himmel vereinte; die gebe=
nedeite Erde; der beschlossene Garten, den Gott
selbst hütete (Hohel. 4, 12); die Aue, die, von Him=
melthau begossen und beregnet, Blumen trägt. Gott
beschattete sie mit seines Geistes Thau, der unser Heu
grün machte. Daher ist sie auch das Lammfell Ge=
deons (Richter 6, 37 f.). Das Silber drang bei ihr
rein aus dem Erz hervor, der Mandelkern ganz aus
der Schale. Sie ist das Siegel, auf welches die
Gottheit sich abdrückte (Hohel. 8, 6); Oblateisen des
lebenden Himmelbrots; Gottes Tabernakel; der
geweihte goldene Schrein, der das Himmelbrot
beschlossen hat; Balsamschrein; Gefäß der Hei=
ligkeit; der goldene Eimer, darin des Wunsches
Brot lag; der heilige Tisch, auf den das Himmel=
brot zur Seelenspeise herabgesandt ward; das Wachs,
in welches der Honig der göttlichen Süßigkeit gelegt
ward; das Himmelnest des Pelikans. Sie ist das
oberste Himmelreich, darin Gott wohnt; Gottes
Zelle, Palast, Zelt, Kapelle, Saal, Haus,
Arche, Tempel, Thron, Sessel, Fürstenstuhl.
Sie ist das erwählte Gefäß der Gottheit; der Wer=
ber, in dessen herrlichem Kräuterduft Gott sich ergieng;
Kammer der wahren Sonne; Krippe des Lammes;
Salomons Thron von reinem kaltem Elfenbein;
Salomons Tempel; Schatzkammer der Dreifal=
tigkeit.

Maria ist Mutter und Jungfrau zugleich. Ge=

bärerin ihres Schöpfers, Tochter ihres Kindes, Himmels=
braut, Gottes Braut, Gottes Gemahl, Gottes Mutter,
Gottes Amme. Sie war bei Joseph unverletzt, wie
das blühende Rosenblatt bei dem scharfen Dorne,
daher Rose ohne der Sünde Dorn (Hohel. 2, 2),
Pfingstrose, Rose im Himmelthau, denn sie empfieng
den süßen Thau des Himmels; Lilie in Dornen; Ce=
derbaum ohne Wurm und Fäulniß; sie ist gleich der
Turteltaube ohne Galle; ihre Keuschheit gleicht
dem weißen Schnee, dem Elfenbein, der Traube
und dem reinen arabischen Golde. Maria ist Him=
melskaiserin, Himmelskönigin, sie ist von Da=
vids Geschlecht, Davids Thurm (Hohel. 4, 4),
Salomons Kind, Tochter von Sion, Königin von
Sion, Jerusalems Zinne. Sie ist die Königin der
Engel, trägt eine Krone von zwölf Sternen auf
dem Haupte, hat die Sonne zum Kleid, und der
Mond ist ihr Schemel (Offenb. 12, 1). Daher sind
ihr Sonne und Mond unterthan, auch ist sie selbst die
Sonne. Vor ihr verschwindet der Glanz aller Pla=
neten, sie erleuchtet die finstere Nacht, als sei sie von
Sonnen erhellt. Sie ist die Morgenröthe (Hohel.
6, 9), die den Tag verkündigt; Aufgang der Sonne,
aber auch der Mond (Hohel. 6, 9), der sein Licht von
der Sonne empfängt. Sie gleicht dem Adler, dessen
Augen allein das Sonnenlicht ertragen. Sie ist eine
Fackel, die vor Erschaffung aller Dinge schon vor
Gottes Antlitz brannte.

Gries und Staub, Gras und Laub, Regentropfen
und Sterne, könnten sie alle sprechen, sie würden ihr
Lob nicht zu Ende bringen. Hunderttausend Münde

reichen nicht zu: es erschallt im Himmel und auf Er=
den. Wie das Meer alle Flüsse aufnimmt und sam=
melt, so vereinigt sie alle Güte. Ihr Name hat sich
wie ein ausgegossenes Öl verbreitet (Hohel. 1, 2).
Siebenmal täglich soll sie preisen, was Athem hat. —
Unerschöpflich sind die Gleichnisse, die Marias Herrlich=
keit ausdrücken: sie ist der Welt Heil, Spiegel der
Wonne, der Reinheit, aller Jungfrauen, aller Engel,
der Engel Augenweide, Freude und Wonne,
Königin und Kaiserin; sie ist die Frau aller
Freude, Wonnetanz, Saitenklang, Herzen=
schall, Glücksrad, ein Diamant, Karfunkel,
Smaragd, Sapphir, Perle. Bei ihrer Geburt floß
Milch und Honig aus der Erde, und aus ihr selbst fließt
Milch und Honig, Wein, Öl, Balsam. Sie ist die
triefende Honigwabe (Hohel. 4, 11), Honigfladen,
Honigseim, ferner Himmelsmanna, Zuckerwabe,
Zuckerstaube, Zuckersüße. Sie theilt ihre Gnade
unter alle Menschen aus, aber jeder empfängt sie voll
und ungetheilt, wie, wenn ein Spiegel zerbrochen wird,
doch in jedem Stück der Mensch sein ganzes Angesicht
erblickt. Sie ist der Saal, der Berg und Thal ein=
schließt, Paradies des herrlichen Obstes, Garten
edler Blumen und gewürzreicher Kräuter (Hohel. 4,
13. 14), ein Maigarten, eine blühende Heide, ein
Rosengarten, Himmelrose, Rose von Jericho,
Pfingstrose, Lilie, Lilienaue, Liliengarten, Rose und
Lilie zugleich wegen ihrer Liebe und Reinheit, bren=
nende Minnenblüte; sie ist darum die rothe, weiße,
kalte, schwarze Rose (Hohel. 1, 4. 5), Viole wegen
ihrer Demuth, Violenfeld, grünender Klee, Balsam,

Myrrhe (Hohel. 3, 6), Bisam, Lavendel, Muskatnuß, Nelkenblüte, Apotheke (Hohel. 3, 6), Weingarten und Traube, Garbe, Acker, Ölbaum, Granatbaum (Hohel. 14, 13), Ceder auf Libanon, Cypresse in Sion, Palme von Cades (Hohel. 7, 7), Platane.

Maria ist Mutter aller Christenheit, Mutter der Barmherzigkeit, die zweite Eva, Königin der Gnaden, der alles erleuchtende Meerstern, Stern von Jacob, Stern der drei Könige; sie trägt die höchste Sturmfahne gegen die Hölle; sie ist Gnadensee, Gnadenflut, Segelwind, Ankerheft, Himmelsstraße; sie macht Kranke gesund als Kampfer, Salbenbüchse, Arznei; sie ist die Wünschelruthe der Gnade, ein süßer Thau, ein lebender Brunnen, ein Bach der Durstigen, das Wasser des Paradieses, das in vier Arme sich theilt; denn eben so ergießt sich ihr Trost über viererlei Menschen: Christen, Ketzer, Juden, Heiden. Wie der Adler seine Jungen aus dem Neste, so führt sie uns der Sonne entgegen. Wie der Strauß seine Eier ausbrütet, indem er sie anblickt, so ist ihr Auge über uns geöffnet und bewacht uns. Gleich der Taube Noahs bringt sie den grünen Zweig. Ihr Erbarmen reicht von den Sternen bis in den tiefsten Meeresgrund. Da Maria den bösen Feind verjagt und seine Macht zerstört, so gleicht sie der Judith, die dem Holofernes das Haupt abschlug. Sie ist auch vor Christus unsere Vögtin, Mittlerin, Sühnerin. Sie ist endlich die Müllerin, die das Korn der Gottheit gedroschen, gemahlen und zu Himmelbrot gebacken hat.

Verzeichniss
der in dem Vaterunser vorkommenden Wörter.

A.

abla 23; ablazzen 23.
af 3.
aflêt 3; aflêtam 3.
airthai 3.
aivins 3.
ak 3.
allem 3. 8. 9. 17. 22. 43; alleme 40. 41.
alls vnd 27. 29. 31; alls-vnd 27. 28. 29. 30. 31.
als 14. 16. 17. 21. 22. 24. 26. 32. 33. 34. 36. 39. 40. 41. 42. 43. 44. 45.
als auch 20.
als ind 26.
als ŏch 22; als ouh 10. 11. 12.
als-so und 38.
als vnd 19. 28. 30. 35. 37.
als-vn 33; als-vñ 35.
als-und 18. 32. 38. 42. 44.
als-vnd 19. 21. 36. 37; als-vñd 25.
alsc-vñ 15.
also 10. 11. 12. 13. 41.
also ouch 15; ouh 13.
alz 20. 23. 39.

alz auch 23.
an 44.
ana 3.
anfür 16.
arlosi 5. 7.
atta 3.
auch alz 23.
auf 27; auff 21.
auh 6. 7.

B.

bechorung 17; bechorunge 19. 40. 41; becoringe 26;
    bekeringe 25; bekorung 23. 24. 32; bekorunge
    15. 16. 33. 38. 42. 45; bekörunge 22.
belatzen 39; belaz 10. 11. 12. 13; belazend 11; be-
    lazzen 12.
belose 39.
bethorung 44.
bist 5. 6. 7. 10. 11. 12. 13. 15. 17. 20. 21. 22. 23. 24.
    25. 32. 33. 34. 35. 37. 38. 40. 41. 42. 45.
blaze 39.
bosser 44.
briggais 3.
brod 39; broet 32; broit 25. 26. 38; broot 6. 7; brot
    5. 11. 12. 15. 17. 20. 21. 22. 23. 24. 33. 34. 35. 37.
    40. 41. 42. 45.
byst 26.

C.

chome 10. 11. 12. 13.
chorung 18; chorunga 9. 10. 11. 13; chorunge 12;
    chorunka 8; corunga 39.
costunga 5. 6. 7.
czu chum 19; czu kum 20. 35.

D.

da 41.
da dv bist 22.

daga 3.
das, brot, das 42.
daz 23.
de, de wille de 26.
dẽ 26.
de byst 26.
degelich 38; degeliche 25. 26; deglich 35; degligs 32.
dehein 17; dehcine 40. 41.
deī 16; dein 14. 16. 18. 19. 20. 21. 23. 27. 28. 29. 30.
   31. 36. 37. 43. 44. 45; deine wille 44.
dem 14. 38; demo 10. 13.
der (dar) 17.
der, d. wille der 15. 18. 21. 33. 37. 42. 44.
der bist 11.
der da bist 15. 23. 24. 25. 45.
der da ist 16.
der du bis 38; der du bist 21. 33. 34. 42; der dv bist 17.
der du pist 14. 19. 35. 43. 44; der dw pist 27. 28. 29. 30. 31. 36.
der ist 9.
derlos 20; derlöz 23.
deȳ 21. 35; deyn 35.
dī 22.
dia chorunga 10. 13; die chorunga 9.
diin 4; dijn 38.
din 4. 8. 9. 10. 11. 12. 13. 15. 17. 22. 24. 33. 34. 37. 39. 40. 41. 42. 45.
dinan 4.
doen 32.
du 8. 10. 11. 12. 13. 18. 20. 23. 32. 33. 34. 35. 37. 39. 40. 42. 43.
dv 17. 22.
dw 27. 28. 29. 30. 31. 36.
du bist 10. 11. 13. 32.
du da bist 20. 40.
du der bist 12.

du do bist 37.
dv erlose 17.
du gib 40.
du pist 8. 18.
dyn 25. 26. 32. 38.
dz 33.

E.

einleit 21; einleitest 23.
emezhic 4; emezzigaz 6; emizigaz 9; emizzigaz 8.
en (in) 17.
endi 6. 7.
enlaitt 43; enleit 33. 42. 45.
enti 4. 8. 9.
eogauuanna 8.
erd 14. 18. 24. 34. 36. 37. 43; erda 5. 10; erde 17. 20. 23. 27. 29. 30. 31. 40; erdē 22. 25. 26; erden 15. 16. 19. 21. 32. 33. 35. 38. 41. 42. 44. 45; erdo 11. 12. 13. 39; erdt 28; erdu 4. 8. 9.
erleise 21; erloise 25.
erlos 40. 41; erlŏs 16. 18. 34; erloes 32; erlös 19. 36.
erlose 17. 28. 44; erlöse 33. 42. 45; erlosi 4. 9.
erloß 27. 29. 30. 31. 35; erlőß 37.
erlöz 43; erlozz 14.
erthu 6. 7.
ervollet 17.
eÿleyt 35.

F.

farlaz 6. 7; farlazzem 6. 7.
fater 4. 5. 6. 7. 8. 9. 11. 12. 18. 39.
firlazen 10. 13.
firleiti 4.
flaz 8; flazzames 8; flazzemes 9.
fon 5. 10; fona 4. 6. 7. 8. 9; fone 11. 12. 13.
fraistubnjai 3.
für 20. 27; fúr 37.
furlaz 5; furlazames 5.

G.

gehailget 24; gehailiget 34; geheilget 35; geheilicht 32; geheiliget 15. 33. 38. 39. 40. 41. 42. 44. 45; geheiligot 10. 11. 12. 13. 22; geheiligt 16. 17. 18. 19. 20. 21. 23. 36. 43; geheyliget 25. 37; geheyligt 14. 27. 28. 29. 30. 31; gehilget 26.

, gesche 35; geschech 27. 28. 29. 30. 31. 36; gescheh 19. 23; geskehe 11. 12.

gewerd 32; gewerde 25. 26. 38.

gib 5. 6. 7. 10. 13. 14. 16. 17. 18. 19. 20. 21. 22. 24. 25. 27. 28. 29. 30. 31. 32. 34. 35. 36. 37. 40. 41. 42. 43. 44. 45; gibe 23. 33.

gif 3; giff 38.

giheilagot 5.

gileidi 6; gileites 5; gileiti 7.

gip 15.

giskehe 10. 13.

giuuihit 6. 7.

gott vater unser 41.

gskehe 39.

gyff 26.

H.

hemel 26. 44; hemelen 38; hemelē 26; hemell 38.

her (er) 5.

herre vater unser 40.

heut 18. 19. 20. 21. 30. 37; hevt 17; hewt 14. 23. 27. 28. 29. 31. 36. 43. 44; heute 16; hewte 35.

hide 32.

hie 14. 17. 31. 40. 41.

himel 14. 16. 17. 18. 19. 20. 22. 23. 27. 34. 36. 40. 43. 45; himele 12. 13. 15. 41; himelen 15. 41. 45; himeln 14. 16. 17. 18. 20. 23. 34. 36. 37. 43. 44; himellen 19; himile 4. 5. 6. 7. 8. 9. 10. 11. 13; himilom 6. 7. 9; himilum 8; hīmel 21; hĩmel 33 hĩmeln 22; hĩmelen 33.

himina 3; himinam 3.
himma 3.
hiuto 10. 11. 12. 13. 39. 41; hiutu 4. 5. 6. 7.
hlaif 3.
hude 25; huden 26.
huit 34.
hümele 39.
hute 15. 45; hüte 33. 42; hûte 22.
huyde 38.
hymel 24. 25. 28. 29. 30. 31. 42; hymelen 25. 32. 35; hymelu 21. 24. 27. 30. 31. 35. 42; hymelnn 28. 29; hymmel 32.

I

î 16.
im 20. 34. 37.
in in allen Nr.
ind 26; indi 7.
inlait 28; inlaitt 29. 31; inlaytt 30; inleide 26; inleite 15; inleyde 38.
inti 5.
irlose 10. 13; irlosi 6.
ist 3. 5. 9.

J.

jah 3.

K.

kaeuuihit 9. 10.
kain 18; kainer 34.
kaneri 8.
kauuihit 8.
kein 23. 33. 42.
khorunka 4.
kib 11. 12. 39; kip 4. 8. 9.
kome 39.

L.

laite 24.
lass 36.
laus 34.
lausai 3.
leit 45; leite 22. 41; leitest 11. 12. 39; leitist 10. 13; leitt 19.
lôs 24; lôse 22; lose 11. 12. 15.

M.

mer 26.

N.

nam 14. 19. 23. 24. 27. 28. 29. 34. 36. 37; name 15. 16. 17. 18. 20. 21. 22. 25. 26. 30. 31. 32. 38. 39. 40. 41. 42. 43. 44. 45; nañe 33; namẽ 35; namo 3. 5. 6. 7. 8. 9. 10. 12. 13; namun 4.
ne leitest 12; ne leitist 10. 13.
neit 6.
ni briggais 3; ni firleiti 4; ni gileidi 6; ni gileites 5; ni gileiti 7; ni leitest 11; ni prine 8; ni uerleiti 9.
nicht 14. 15. 16. 17. 18. 19. 27; nicht inlaitt 29. 31; nicht leitt 19; nicht ynleyde 25.
niet inleyde 38.
nit einleit 21; nit eÿleyt 35; nit inlait 28; nit inlaytt 30; nit laite 24; nit laus 34; nit leitest du 39; nit virleit 32.
nube 11. 12.
nun 39.

O.

oblaz 4; oblazem 4.
ouch 15; ôch 22; ouh 10. 11. 12. 13.

P.

pechorung 14; pechörung 43.
pilipi 8. 9.

piqheme 8; piqueme 9.
pist 4. 8. 14. 18. 19. 27. 28. 29. 30. 31. 35. 36. 43. 44.
princ 8.
prooth 4; prot 10. 13. 14. 16. 18. 19. 27. 28. 29. 30. 36. 43. 44.

Q.

qhueme 4.
quadē 26; quaden 38.
quaeme 6. 7; queme 5.
qvimai 3.

R.

reich 14. 17. 18. 19. 20. 21. 23. 30. 31. 35. 36. 37. 43; reiche 16. 44.
rich 22. 24. 26. 32. 33. 34. 40; riche 10. 11. 12. 13. 15. 25. 41. 42. 45; richi 6. 7.
ricke 39.
rihhi 4. 5. 8; rihi 9.
rijch 38.

S.

sam 18; sama-enti 9; sama-so 6. 7. 9.
schiulde 40.
schoilderen 26.
schoilt 26.
scholdigern 25.
scholner 14.
scholt 25.
schuld 14. 19. 20. 21. 23. 24. 27. 28. 29. 30. 31. 34. 36. 37. 43. 45; schulde 15. 16. 22. 33. 41. 42. 44; schvlde 17; schulden 18.
schuldenern 33. 42; schulderen 38. 45; schuldern 40; schuldneren 22; schuldnern 24.
schuldigen 41; schuldigeren 15. 21. 35; schuldigern 16. 17. 19. 20. 23. 32. 34. 36. 37. 43. 44; schuldigernn 27. 28. 29. 30. 31; schuldigerñ 18.

schult 32. 35. 38.
scolaren 10. 13.
scolom 6. 7. 8. 9.
sculde 10. 11. 12. 13.
sculdhi 6. 7; sculdi 5. 8. 9. 11.
sculdige 39; sculdigen 11. 12; sculdigon 5; sculdikem 4.
sculdo 39.
si 5.
si giheilagot 5; si gauuihit 6. 7. si kauuihit 8.
sijaima 3.
sinteinan 3.
skulam 3; skulans 3.
so 4. 5.
so-sama 8; so-so 5; so-soso 4.
sondern 25. 32. 43.
sŭder 35; sunder 14. 16. 18. 19. 20. 21. 22. 23. 24. 27. 28. 29. 30. 31. 36. 37. 38. 40. 42. 44. 45; svnder 17; sundern 15.
suntir 10. 13.
suntom 9; sunton 8.
svasvê 3.
sve 3.

T.

tagalihhaz 5; tagelich 12; tagelichiz 13; tagleich 18. 43; tägleich 19. 27. 29. 36; taglich 16. 30; täglich 28. 31. 34; tåglich 17. 24; tagolich 41; tagolicha 11; tagolicko 39.
tegclich 40. 45; tegeliche 15; tegelichiz 10; tegelz 20; tegleich 14; teglich 22. 37. 44; teglichs 21.
thaim 3.
thamma 3.
thana 3.
thar 5.
thatei 3.
thein 3; theins 3.

thin 5. 6. 7.
thiudinassus 3.
thu 3.
thu bist 5. 6. 7; thu pist 4.
tu 12. 39.
tûgen 34.
tun 16. 43. 45; tuon 40. 41.

U.

ubel 18. 32. 40. 41. 43. 44; vbel 17. 21. 28. 35; übel
    33. 42; ûbel 16; ûbel 36; v̊bel 19. 27. 29. 30.
    31; v̊bel 34; v̊bel 22.
ubele 12. 39; vbele 15. 25; übele 45.
vbeln 20. 37.
übersubstanzlich 42; übersubstenzlichen 33.
v̊berwesentlich 23.
ubil 23. 24; ubile 4. 5. 6. 7. 10. 11. 13; ubilin 3;
    v̄bl 14.
vf 22; vff 34; uff 40.
uñ 18; vñ 15. 22.
und 11. 16. 18. 32. 38. 40. 41. 42. 43; vnd 14. 17. 19.
    23. 24. 27. 28. 29. 30. 31. 33. 35. 36. 44. 45; vn̄d 25;
    unde 11. 39; vnde 10. 12. 13; vndt 44; undto 39.
unn 40; vnn 20.
vnnser 27. 28. 31; vnnsern 28; vnnserun 27.
vns (nos) 16. 18. 32. 38. 40. 41. 42. 43; vns 14. 15.
    17. 20. 21. 25. 27. 28. 29. 30. 31. 33. 36. 37. 44. 45.
uns (nobis) 3. 4. 5. 6. 7. 8. 9. 10. 11. 12. 13. 6. 18.
    32. 38. 40. 41. 42. 43. 44. 45; vus 14. 15. 17. 20.
    21. 23. 24. 25. 26. 27. 28. 29. 30. 31. 33. 34. 36.
    37; v̄ns 19; v̊ns 22.
uns (unser, unsern) 4. 38.
unsar 3; unsara 5; unsaraim 3; unsarana 3; unsaraz
    9; unsaron 5.
unse 38; vnse 25. 26.
unseer 4.
unsen 38; vnsen 25. 26.

unser 5. 6. 7. 8. 9. 11. 12. 16. 18. 19. 32. 40. 41. 42.
	43. 44. 45; vnser 12. 13. 14. 17. 20. 21. 23. 24. 27.
	28. 29. 30. 31. 33. 34. 35. 36. 37; ŭnser 19; ŭnser 22.
unseraz 6. 7.
unsere 10. 11. 13.
unserem 6. 7. 9.
unseren 10. 12. 13. 45; vnseren 15; ŭnseren 19.
unsern 11. 16. 18. 32. 40. 41. 42. 43. 44; vnsern 14.
	17. 20. 21. 23. 24. 33. 34. 35. 36. 37; ŭnsern 22;
	vnsernn 29. 30. 31.
unsero 6. 7. 9.
unsich (nos) 12. 39; unsih 4. 5. 7. 8. 9. 10. 11. 13.
unsir 10. 13; vnsir 15.
unsraz 8; unsre 32; unsrem 8; unsro 8.
unß (nos) 35; (nobis) 25. 35; vnß (unser) 25; vnßer
	25. 35.
uzouh 5; uzzan 8. 9; uzzer 4.

V.

vader 26. 38.
vairthai 3.
van 26.
vater 13. 14. 16. 17. 19. 20. 23. 25. 27. 28. 29. 30. 31.
	32. 34. 35. 36. 40. 41. 43. 44. 45; uater 10. 21; vatir
	15; vatter 22. 24. 33. 37. 42.
veihnai 3.
veis 3.
vergeben (wir) 14. 17. 19. 20. 27. 28. 30. 31. 36. 37.
	44; vergebē 22; vergebñ 18. 21; vergebent 33.
	42; vergebint 24; vegeven 38; vergeuē 26; verge-
	wen 29.
vergib 14. 16. 17. 18. 19. 20. 21. 22. 24. 27. 28. 29. 30.
	31. 32. 34. 36. 37. 40. 41. 43. 44. 45; vergibe 33. 42.
vergiff 38; vergyff 26.
verlait 18; verlaitt 14; verlait werden 34.
verlass 44.
verleit 17. 32; uerleiti 9.

verloese 26. 38.
versuchnuß 34.
versuchung 20. 21. 27. 29. 30; versûchung 31. 37;
 versucchung 28. 36.
vilja 3.
virleit 40.
ulaz 9.
võ 16. 18. 22. 25.
vom 34.
von 14. 15. 19. 20. 21. 24. 27. 28. 29. 30.'31. 32. 35.
 36. 37. 40. 41. 42. 43. 44. 45.
vor 17. 23. 23.
vorgebin 15; vorgebñ 35.
vorgib 15. 35.
vorsuchũg 35.
vurgeben 25; vurgib 25.

W.

werd (fiat) 14. 18. 20. 21. 34. 37. 43; werde 15. 16.
 22. 24. 33. 40. 41. 42. 44. 45; uuerde 4.
werd ervollet 17; werd geheiliget (geheiligt, geheyl.)
 14. 17. 18. 19. 21. 23. 24. 28. 30. 31. 34. 35. 37.
werde geh. 10. 11. 12. 13. 15. 16. 20. 22. 25. 26. 27.
 32. 33. 38. 40. 41. 42. 43; urde 39; uuerdhe 6. 7;
 werdt 29. 36; uuerde kaeuuihit 9.
uuesa 8; uuesse 9.
uuihi 4.
wij 39.
wil 18. 35. 37; uile 39; will 19. 21. 23. 27. 28. 29.
 30. 31. 34. 36. 43; wille 10. 11. 12. 13. 14. 15. 16.
 17. 20. 22. 24. 26. 32. 33. 38. 40. 41. 42. 44. 45;
 willo 8; uuillo 4. 5. 6. 7. 9.
wir 12. 14. 15. 16. 17. 18. 19. 20. 21. 22. 23. 24. 25.
 26. 27. 28. 29. 30. 31. 32. 33. 34. 35. 36. 37. 40.
 41. 42. 43. 44. 45; uuir 4. 5. 6. 7. 8. 9. 10. 11.

Y.

ym 21. 27. 35. 36.
yn 21. 25. 35.
ynleyde 25.
yns 39; vnss 39.
ynser 39; ynsere 39.

Z.

ze himele 41.
zo come 26; zokome 38.
zu chom 14. 18. 43; zu chöm 36; zv chom 17; zu chome 41; zẅ chöm 30; zu chum 44.
zu himel 14.
zu kom 16. 23; zůkom 24. 34; zẅ köm 31; zukome 25. 33; zv̆ kome 22; zuo kome 40; zu komme 32. 42; zukum 21; zů kum 37; zukume 15. 45.